乐在其“综”

低年级主题式综合活动课程手册

孙翠英 · 主编

上海社会科学院出版社
SHANGHAI ACADEMY OF SOCIAL SCIENCES PRESS

前　言

为贯彻落实《上海市中长期教育改革和发展规划纲要（2010—2020年）》《关于做好幼小衔接工作、优化小学低年段综合主题活动的指导意见》和《中小学综合实践活动课程指导纲要》的精神，我校进行了综合实践活动校本课程《乐在其“综”——低年级主题式综合活动课程》的开发，旨在将学校“以爱立人，以学成人；七彩童年，幸福人生”的办学理念落到实处。课程设计和实施都从学生的真实生活和发展需要出发，从生活情境中发现问题并转化为活动主题，通过探究、制作、体验、服务等活动方式，培养学生的关键能力与必备品格，促进学习与生活的融会贯通，将学生培养成为“有爱心、会感恩、善求知、乐实践”的七彩好少年，为培育面向未来的社会劳动者而奠定综合素质基础。

学习进阶理论（Learning Progression Theory）认为，学生的认知思维发展过程具有“进阶”的特点，是一个在知识学习和实践活动中连续的、更加熟练的发展过程。所以，我们在进行课程决策和设计时，关注学生的认知发展和已有生活经验，要求帮助学前儿童实现从幼儿园到小学两个不同阶段教育的平稳过渡，让他们建立自信心，能健康、快乐地适应小学阶段的学习生活，保持身心健康和谐发展。我们的课程理念是实践中促成长。课程的总目标是以小学生低年级的认知和发展规律为依据，通过校本化主题式综合实践活动课程引导学生认知自我、广博爱心、适应社会、探索自然，激发兴趣，提高学生社会适应性和学习适应性，在连贯一致的幼小衔接中快乐学习。为此，学校领导聚集在一起，依据市综合活动课程目标，围绕学校办学理念、育人目标和学校的特色，一起头脑风暴，初步拟定本校低年级主题式综合活动课程的总目标，再由教导处与拓展、研究型组长就总目标与一、二年级的学情特点进行分析，最后为了将分目标落实落细，开发团队与课程专家一起研讨活动双向细目表。

主题式综合活动课程中，“主题”和“活动”两个概念是基本要素。所有活动的设计均要服务于主题，主题又决定了活动的内容。教育部要求活动课程主题必须依据《中小学综合实践活动课程指导纲要》和学校内外自然和社会课程资源、学生兴趣爱好等因素确定。因此，我校在确定“乐在其‘综’”主题式综合活动课程主题时，参照了学校的自然环境，社区环境，学校原有的拓展、研究型课程中的相关资源，如五爱、苗菜、花灯等综合活动课程。同时也有针对总目标寻找区校本课程网上的资源来完善我们的总课程，构建科学合理的主题序列。最后在“我与自己”“我与社会”“我与自然”的三大主题下，细分出了十三个符合我校的子主题。

在综合活动的安排上，我们注重活动理论（Activity Theory）的要求，构建了一个包含有多个组成要素与子系统的活动系统模型，使活动主体、活动对象、学习共同体以及中介工具，融合在主题活动中，从而形成了主题下的多个活动，体现了对问题的探索与解决之间的因果关系，使前一个活动成为后一个活动的基础，后一个活动是前一个活动的拓展与延伸，活动之间具有紧密的联系。如一年级第一学期的“初始苗菜”到二年级第一学期的种植、收割苗菜；二年级第一学期的“手拉手，游戏真快乐”到第二学期“帮助伙伴”等，体现活动内容的关联性，注重活动难易程度的递进性，体现活动内容的结构化。

未来，我们将以更高的目标、更严的要求、更实的作风，持续不断地进行综合实践活动课程的探索，关注每一位学生的差异发展和学习需求，整合资源，学科融合，建设适应学生发展需要和培养关键能力的多层次、多元化、跨学科真实学习的课程体系，把朱泾二小创办成学生喜欢乐学、教师爱岗敬业、老百姓心目中真正家门口的好学校。

上海市金山区朱泾第二小学校长　孙翠英

2020 年 8 月

目　录

第一单元

我是小学生

活动目标

1. 学唱儿歌，介绍自己的名字、兴趣爱好和自己的小学生身份，知道自己有新的社会角色，选择自己喜欢的在校活动，激发对小学生身份的渴望。

2. 完成自我介绍，了解自我介绍的方法，激发认识新朋友的兴趣。

3. 找到自己的长相特点，并与同桌交流。调查自己的出生信息。完成自画像。

4. 说出几种熟悉的场合，学会辨认常见的不同场合。培养学生的观察能力，懂得观察生活，从生活中学习知识。

5. 阅读绘本及童谣，了解日常穿衣的基本常识，养成良好的卫生习惯。初步形成服饰搭配的规则意识和选择意识。

6. 学唱歌曲，学会辨认并学会画一些典型的民族服饰，培养学生学会欣赏和感受民族服饰之美，提升学生的审美情趣，激发对祖国的热爱。

评估证据

1. 认识新角色“小学生”。

（1）学会歌曲《上学歌》。

（2）能大声、自信地介绍自己的基本信息。

（3）能选择自己喜欢参与的校园活动，愿意和小组成员共同完成学习任务。

2. 猜猜我是谁。

（1）知道自我介绍的方法，能够在小组中进行自我介绍。

（2）参与游戏，能猜出图中的小动物。

3. 我的自画像。

（1）认真观察自己的照片，并在照片中找到自己的长相特点。

（2）知道自己的出生日期、出生时的身高以及体重。

（3）能基本完成自画像，符合自己的面部特征。

4. 认识不同的场所。

（1）认识周围的不同场合，说出三种熟悉的场合。

（2）表演常见的不同情景。

5. 根据场合选择服饰。

（1）阅读绘本后，知道穿衣要注意整洁。

（2）能根据场合和季节搭配衣服，学唱礼仪儿歌。

6. 了解不同民族的服饰。

（1）能搭配少数民族服饰，能选择一种喜欢的民族服饰，并说出喜欢的原因。

（2）会唱歌曲《我爱中华》，参与小组比赛，能够进行评价。

（3）选择喜欢的民族服饰，并且能画一画。

活动内容

1. 认识新角色“小学生”
2. 猜猜我是谁
3. 我的自画像
4. 认识不同的场所
5. 根据场合选择服饰
6. 了解不同民族的服饰

活动一　认识新角色“小学生”

知识链接

小学生

小学生，指正在小学上学的学生。旧指在国子监童科和民间蒙馆、私塾读书的学生，今指在小学读书的学生。《文献通考·选举八》：“徽宗政和四年，小学生近千人，尚有继至者，分十斋处之。增教谕俸，不许受束脩。自八岁至十二岁，率以诵经书字多少差次补内舍上舍。”

探究活动

1. 学唱歌曲：上学歌。

太阳当空照，花儿对我笑。
小鸟说：“早早早，
你为什么背上小书包？”
我去上学校，天天不迟到，
爱学习，爱劳动，
长大要为人民立功劳。

◆ 在唱歌曲的过程中，我觉得________________小组表现得最出色，因为____。

2. 我们介绍自己时可以这样说：

我叫______，是______学校______年级______班的一名小学生。我喜欢____。

◆ 听了________的介绍，我想和________做朋友，因为______________________。

3. 在小学里，我们可以做什么？请你在喜欢的活动后的（　　）里面打“√”。

	（　　）		（　　）
	（　　）		（　　）
	（　　）		（　　）

◆ 我最喜欢的活动是____________________，因为____________________________。

活动二 猜猜我是谁

知识链接

自我介绍

自我介绍是向别人展示你。自我介绍好不好，甚至直接关系到你给别人的第一印象的好坏及以后交往的顺利与否。同时，自我介绍也是认识自我的手段。作为小学生，进入校园，和许多同学相识，自我介绍是与陌生人建立关系、打开局面的一种非常重要的手段，因此，通过自我介绍让自己得到对方的认识甚至认可，是一种非常重要的能力。

探究活动

1. 自我介绍。

大家好！我叫________，我今年________岁，是________学校________年级________班的学生。我的爱好有________________________________。希望大家喜欢我，谢谢大家！

◆ 在自我介绍的过程中，我觉得________________同学的表现最突出，因为____。

2. 根据不完整的图片，你能猜到图片中是什么动物吗？请你猜一猜，连一连。

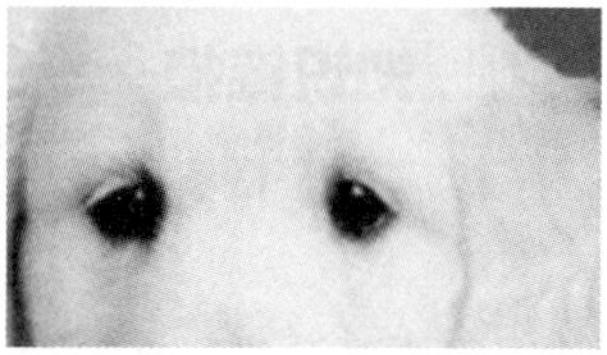

青蛙　　狮子　　公鸡　　小狗

鳄鱼　　金鱼　　大象　　恐龙

活动三　我的自画像

知识链接

五　官

五官，这里特指人的面貌长相。人们常说的“五官端正”“五官精致”，指的就是“眉、眼、耳、鼻、口”五种面部特征。

“五官端正”，故眉、眼、耳、鼻、口对于容貌都很重要，人们常常以此判断一个人的容貌长相，如眉清目秀、鼻直口方等。

探究活动

1. 猜谜语。

你哭它也哭，你笑它也笑，你问它是谁？

——打一生活用品

◆ 我猜的谜底是______________________________。

2. 与同桌交流：脸型、发型、五官各有什么特点？简单介绍一下自己的面部特征。

◆ 我有这些特点：______________________________。

3. 交流信息。

◆ 小朋友们，你是在什么时候在哪里出生的？出生时身高、体重是多少？快问问你的爸爸妈妈，填一填吧！

我的出生信息

姓名：	我的姓名：________ 出生日期：________ 身高：________厘米 体重：________千克

4. 自主完成“我的自画像”。

◆ 小朋友们，你长什么模样？照照镜子，画画自己吧！下面左面框内是有脸的轮廓，右边没有脸的轮廓，你可以任选一处来画一画自己哦！

活动四 认识不同的场所

知识链接

场 所

特定的人或事所占有的环境的特定部分，指的是特定建筑物或公共空间活动处所。

探究活动

1. 场所或场合我知道。

____

____

____

2. 游戏：比比谁说的场所或场合多。

小组成员	场所或场合（数字即可）

◆ 我说出了（　　）种，同桌说出了（　　）种，（　　）说出的更多。

3. 我演你猜。

◆ 观看小朋友们表演的不同场合，我猜出了（　　）种。

◆ 我觉得______表演得最好，因为____

____

____。

活动五　根据场合选择服饰

知识链接

学生礼仪

学生礼仪是指学生应遵守课堂纪律，具有礼仪常识，是学校礼仪教育重要的一部分。学生是学校工作的主体，因此，学生在课堂上、在活动中、在与教师和同学相处过程中都要遵守一定的礼仪，这样可以促进师生或学生之间的关系，同样可以展现校园面貌。服饰的第一个功能——实用，比如说御寒、蔽体，这是服装最基本的作用。

在实际生活中，对于我们学生来讲，穿衣服有三个基本原则需要遵守：

第一，符合身份。我们每个人在日常生活和交往中，都有自己特定的身份，所以我们要根据自己的身份来穿着，如学生就应以穿青春、活泼的服装为主。

第二，扬长避短。就是根据自己的形体特点和年龄来选择适合自己的服饰搭配。如果肤色较黑或较暗就尽量不要穿咖啡色衣服，更不要穿黑色衣服。有的人脖子粗短，就要尽量选配低领衫，不要穿高领的。

第三，区分场合。就是根据不同的场合选择搭配合适的衣物。如开学典礼时要穿正式的服装，在家中可以穿比较休闲舒适的衣物。

探究活动

1. 绘本阅读，了解穿衣常识。

阅读绘本《干净宝宝与脏宝宝》并讨论：

（1）这本书讲了什么故事？

（2）你从中学到了什么？

（3）小组讨论绘本中出示的问题。

◆ 在讨论的过程中，我知道这本书讲的是________和________之间的故事。通过阅读，我更喜欢____________，因为____________________________________。

◆ 你从绘本中学到了什么？

◆ 我觉得讨论过程中，________同学的表现最突出，因为________________。

2. 小组讨论：不同场景如何搭配服饰？从场景一和场景二中任选一幅图讨论。

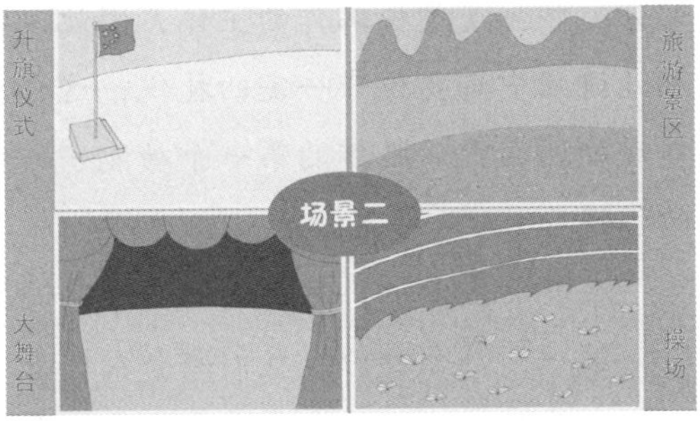

◆ 经过讨论，我知道______________场景中，应该穿________________服饰。

3. 学唱新时代礼仪儿歌

礼仪儿歌

新时代，讲文明，好少年，树新风。

重仪表，讲身份，穿和戴，有学问。

首整洁，次美观，要自然，要大方。

按校规，穿校服，不攀比，宜朴素。

仪容美，贵洁净，勤洗手，衣冠整。

◆ 我觉得________小组朗读儿歌最好，因为____。

活动六　了解不同民族的服饰

知识链接

中华民族

中华民族共包括56个民族，汉族是中国的主体民族，占全部人口的91.51%，其他还有55个民族，占8.49%，汉族和55个少数民族共同组成伟大的中华民族。民族众多，民族的服饰各具特色，大不相同，可谓是多姿多彩啊！

探究活动

1. 猜一猜，连一连。

朝鲜族　　苗族　　满族　　维吾尔族

2. 选择一种民族的服饰，想想有什么特点，试着用几句话说一说。

我最喜欢________民族的服饰，因为____。

3. 唱一唱：学唱歌曲《爱我中华》，在歌声中欣赏不同的民族服饰。

◆ 我认为________小组唱得最好，因为____。

4. 画一画：小朋友们，看了这些各种各样的民族服饰，你最喜欢哪个民族的服饰？动手在右边的方框内画一画吧。

活动评价表

评价内容	自评	互评	师评
活动一			
学会歌曲《上学歌》，能说出哪个小组最出色及其理由			
能说出自己的姓名、年级和班级			
能说出自己想和谁做朋友			
能选择自己喜欢的活动并说出理由			
活动二			
能进行自我介绍			
能发现自我介绍中表现最好的同学			
能猜出图中的八种小动物			
活动三			
能猜出谜底			
能说出自己的容貌面部			
能填写自己出生时的基本信息			
能完成自画像			
活动四			
能说出几种熟悉的场所或场合			
能在游戏中说出几种场所或场合			
能表演出不同的场合			
能猜出不同的场合			

续表

评价内容	自评	互评	师评
活动五			
能说出绘本讲了什么故事			
能说出自己喜欢的人物，并阐述理由			
能判断讨论中表现最突出的同学是谁			
知道在什么场景中应穿什么服饰			
能指出朗诵儿歌最好的小组			
活动六			
能准确地连一连			
能说出喜欢的民族服饰的特点及理由			
能指出哪一组歌曲唱得最好			
能选择喜欢的民族服饰，画一画			

评价标准：优秀、良好、一般

第二单元

我 长 大 了

活动目标

1. 认识身体，知道身体中的一些重要器官，初步了解大脑、心脏、肺、肾脏、大肠的名称和形状，激发探索身体器官的欲望。

2. 了解自己身体和外貌的变化，感受成长的奇妙。

3. 通过画出成长小故事，与他人分享成长过程中的喜悦。

4. 知道自己的优点和不足，能初步具备设计目标的能力，设立一些具体、实际、可行的成长目标。

5. 知道怎样保护自己的身体部位，拒绝不正常的身体接触，增强自我保护的意识和能力。

6. 知道防拐卖和走失的预防措施，加强自我保护的意识。

评估证据

1. 认识身体。

（1）知道身体主要部位的名称。

（2）能将大脑、心脏、肺、肾脏、大肠的名称和图片一一对应。

（3）能正确阅读绘本和完成游戏。

2. 感受成长。

（1）能给蝴蝶的成长过程正确排序。

（2）能利用测量工具与同伴合作测量出身高、体重、头围和臂长，并制作出“身体生长记录卡”。

（3）能说出自己身体和外貌发生的变化。

3. 成长小脚印。

（1）能说出日常随身物品的作用。

（2）能画出成长小故事。

（3）能向同伴分享自己的成长小故事。

4. 设立成长目标。

（1）能说出自己的优点和缺点。

（2）能总结成长目标需要具备的特点。

（3）能设立两个以上的、具体可行的成长目标。

5. 保护自己。

（1）能自己阅读绘本，在人体图片上正确选出身体的隐私部位。

（2）能说出拒绝不正常的身体接触的方法。

（3）能正确吟诵童谣。

6. 防走丢，防拐卖。

（1）能自己阅读绘本，能说出走丢后的正确处理方法。

（2）能说出如何拒绝陌生人的搭讪。

（3）能正确吟诵童谣。

活动内容

1. 认识身体

2. 感受成长

3. 成长小脚印

4. 设立成长目标

5. 保护自己

6. 防走丢，防拐卖

活动一　认识身体

知识链接

神奇的人体

人体非常神奇，它的基本单位是细胞。大脑由约 140 亿个细胞构成，一个人的脑储存信息的容量相当于 1 万个藏书为 1 000 万册的图书馆。

人体拥有九大系统，分别是消化系统、神经系统、运动系统、内分泌系统、泌尿系统、生殖系统、循环系统、呼吸系统和免疫系统，不同的系统由不同的器官在运作。

水占了人体重量的 65%。一个体重 70 千克的成年人，脱水后只剩 25 千克。成人有 206 块骨头，639 块肌肉，骨骼起着支撑身体的作用，是人体运动系统的一部分。

探究活动

1. 阅读绘本，完成下列表格。

书　名	
作　者	
身体里面有什么 （在认为正确的选项后打钩）	米饭（　　）水果（　　）零食（　　） 水　（　　）空气（　　）肉　（　　） 便便（　　）骨头（　　）器官（　　）

◆ 我们组最善于阅读的是________同学，他发现了身体里有________样东西。

2. 师生配合做游戏。

（1）老师解读游戏规则。

选一位学生做主持人，根据主持人的口令，同桌两人一组完成游戏。如：主持人喊“膝盖”，两位学生迅速把膝盖碰在一起。

（2）进行 3 轮游戏。

◆ 在游戏过程中，我的搭档是________，他 / 她的表现____。

3. 观察人体器官图，并将序号填入括号中。

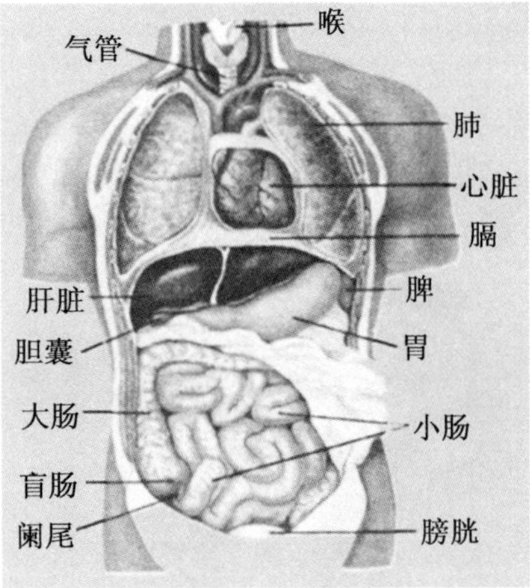

①大肠　②肺　③脑　④肝脏　⑤胃　⑥心脏

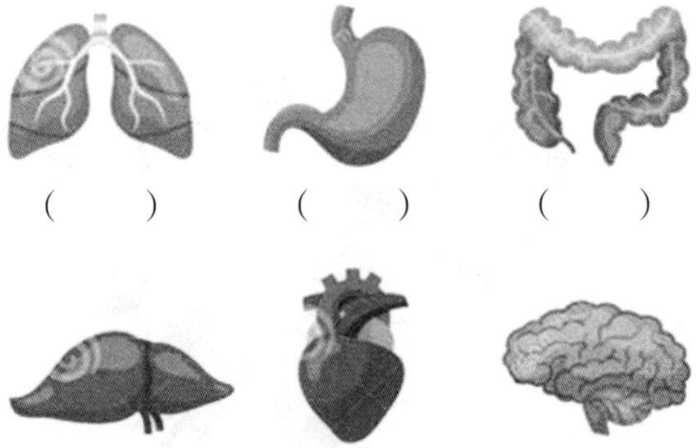

（　　）　（　　）　（　　）

（　　）　（　　）　（　　）

◆ 在填写的过程中，我觉得________同学的表现最突出，因为____。

活动二 感受成长

知识链接

什么是成长？

成长，指长大、长成成人，泛指事物走向成熟、摆脱稚嫩的过程。简而言之，就是自身不断变得成熟稳重的一个变化过程。在成长过程中，孩子的器官和系统逐渐长大，功能也日益完善。孩子在每个年龄都有不同的特征，根据每个阶段的不同特征，可以大致划分为以下几个阶段：胚胎发育期、胎儿期、婴儿期、幼儿期、学龄期、青春期。在小学阶段的孩子都属于学龄期。

探究活动

1. 播放蝴蝶成长视频，并将序号填入括号中。

①幼虫 ②蛹 ③成虫 ④茧 ⑤卵 ⑥羽化

◆ 我们组最善于观察的是________同学，因为____________________________

____。

2. 教师组织测量学生身高、体重、头围、臂长。

3. 制作“身体生长记录卡”。

◆ 姓名：

◆ 身高：

◆ 体重：

◆ 头围：

◆ 臂长：

◆ 记录日期：

（自画像）

4. 学生提前准备一张幼儿时期的照片，照镜子对比、记录并交流自己外貌发生的变化。

◆ 小时候的我____

____。

◆ 长大后的我____

____。

◆ 在分享时，我认为身体变化最大的是________，因为____________________

____。

活动三 成长小脚印

知识链接

成长的过程

儿童时期是人生开启的重要年龄阶段，一般指的是从出生到15周岁。儿童时期发育得很快，不同的月龄和不同的年龄具备不同的生理和心理特征。

0—3岁是儿童精神胚胎孕育的时期，儿童需要不断地体验那种曾经与母亲一体化的感觉。这种感觉就来自母亲与孩子的心灵连接。3—6岁的儿童将根据这个精神胚胎的指引开始建构自己，例如感受自己的需求以及获得满足。6—12岁，儿童将自己带着生命内在所拥有的经验开始探索外部世界，并且将这种探索扩展到艺术、天文等丰富的领域中。

探究活动

1. 教师出示“百宝箱”（包括：直尺、铅笔、作业本、绿领巾、拼音卡片、鞋带），请学生找一找能够证明成长的物品，并完成学习任务单。

2. 在方框内画一件自己成长过程中发生的趣事，并与组员分享。

◆ 我的同桌是________，他 / 她的故事是____

____

____。

◆ 在分享成长趣事时，我比较感兴趣的是________的故事，因为________________

____。

活动四　设立成长目标

知识链接

成长目标

目标意识对儿童成长非常重要。目标设立的过程对儿童而言是自我管理的一个起点、明确自我发展的一个方向。当孩子有了明确的目标之后，他可以统管自己的行为和日常生活，不断超越自己，提升自己的意志力，更好地实现自身的追求。在日常生活中坚持做更好自己的能力，是可以通过不断给孩子设定目标与完成目标来培养的。

探究活动

1. 完成自我评价表（在相应的评价等级下打钩）。

评价内容	评价等级			
	☆☆☆☆ 做得很棒	☆☆☆ 做得还行	☆☆ 做得一般	☆ 还需努力
我能自己刷牙				
我能自己穿衣服				
我能自己绑鞋带				
我能自己将书包整理整齐				
我能用铅笔把字写得漂亮整洁				
我能爱惜书本，并喜欢读书				
我积极参加体育锻炼，能掌握体育技能				
我尊敬师长，关爱同学，爱家庭				

2. 与同学交流自己的长处和不足。

◆ 我发现，这个学期我在____________方面进步了，在____________方面进步不大。我要向____________同学学习，学习他的____。

3. 阅读故事，设立成长目标。

一位青年满怀烦恼地去找一位智者。他大学毕业后为自己树立了许多目标，可是几年下来，依然一事无成。智者微笑着听完青年的倾诉，对他说："来，你先帮我烧一壶开水！"青年看见墙角放着一把极大的水壶，旁边是一个小火灶，可是没有柴，于是便从外面拾了一些枯枝回来，装满水，放在灶台上烧了起来。可由于壶太大，那捆柴烧尽了，水还没开。他又跑出去找柴，等他回来，水已凉得差不多了。这次他没有急于点火，而是将柴准备充分了才点。智者问他："如果没有足够的柴，你该怎样把水烧开？"青年想了一会儿，摇摇头。智者说："如果把壶里的水倒掉一些呢？"青年若有所思地点了点头。智者接着说："你一开始树立了太多的目标，就像这个大壶装的水太多一样，而你又没有足够多的柴火，要想把水烧开，你或者倒出一些水，或者先去准备柴火！"青年大悟。回去后，他把计划中所列的目标划掉了许多，只留下最切合实际的几个，同时利用业余时间学习各种知识，几年后，他的目标基本上都实现了。

◆ 我认为，设立和执行目标要：（A. 目标要越多越好；B. 目标不能太多；C. 为了实现目标不断学习）。（多选题，圈出认为正确的选项）

◆ 请尝试设立一些具体可行的小目标吧。

目标 1：____

目标 2：____

活动五 保护自己

知识链接

保护自己很重要

在当前社会，孩子发生被虐待、殴打、猥亵、性侵、拐卖等意外并不少见。近几年，有关儿童遭性侵的事件层出不穷。要让学生认识自己身上的隐私部位，明白自己的身体只有自己和爸爸妈妈才能触摸，遇到大人提出奇怪的要求要及时拒绝，发生任何事情都要第一时间告诉爸爸妈妈。要让学生明白，家人不可能时时刻刻陪伴在自己身边，拥有自我保护意识，才是避免受到伤害的最有效办法。

探究活动

1. 阅读绘本《我宝贵的身体》，并完成练习。

◆ 哪些是别人不可触碰的地方？请在相应的部位打“×”。

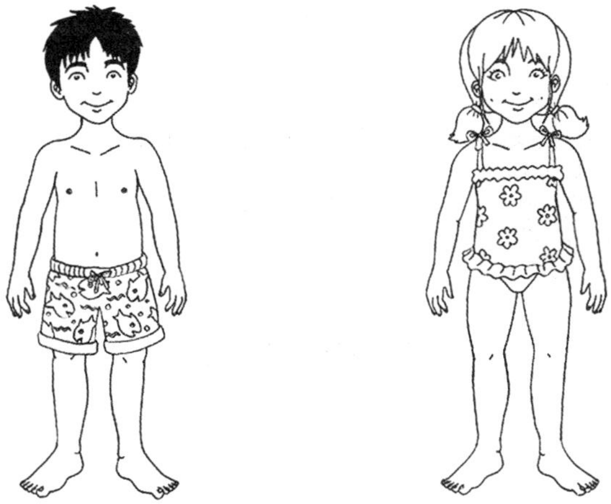

◆ 遇到下列哪些情况要立刻告诉爸爸妈妈？

A. 今天，隔壁王叔叔用手摸了一下我的臀部。

B. 在儿童乐园玩的时候，一个大哥哥掀了我的衣服。

C. 服装店里，售货员夸我可爱，要亲我。

◆ 如果遇到陌生人跟我说话、要带我走，我要________________________________

____。

2. 选择一首自己喜欢的童谣，熟读成诵。

小熊小熊好宝宝，
背心裤衩要穿好。
里面不许别人摸，
亲吻乱摸也不让。

小秘密，放心中，
面对妈妈不要藏。
有人欺负要讲出，
告诉父母不害怕。

◆ 在吟诵的过程中，我觉得______________同学的表现最突出，因为__________

____。

活动六　防走丢，防拐卖

知识链接

提高警惕防走丢

现代社会，儿童遭受伤害的事件频繁发生，令人触目惊心，儿童安全是全社会共同关心的问题。要让学生知道，记住家庭地址、家长联系电话，在家不随便开门，在外不跟陌生人走，有事找警察叔叔……作为小学生，掌握防拐骗安全知识，提高警惕，学会分辨是非，能有效防止拐骗事件的发生。

探究活动

1. 阅读绘本《汤姆走丢了》。

2. 与同桌交流：如果你像汤姆一样走丢了，你会怎么做？

◆ 如果我走丢了，我会____________________，因为____________________。

3. 收看《防拐骗儿歌》视频，完成练习题。

◆ 判断下列做法：

下面哪些做法是对的？

1 . 不理睬陌生人，赶紧离开。

2. 高兴地上车。

3. 礼貌地拒绝陌生人，马上回家去。

4. 大声呼喊，引起路人的注意。

◆ 和同桌讨论：遇到下列情况该怎么办？（选择一种情况写下应对方法）

A：放学时，校门口有人谎称是爸爸妈妈派来接你的……

B：在上学路上，有个叔叔说：“小朋友，我带你去商场买好吃的。”

4. 吟诵。

防拐骗“七字诀”

校外玩耍要结伴，
集市街头别留恋。
生人搭讪要防范，
小恩小惠莫贪占！

◆ 在吟诵的过程中，我觉得____________同学的表现最突出，因为__________

____。

活动评价表

评价内容	自评	互评	师评
活动一			
能说出绘本的书名和作者			
能说出身体中有什么			
能说出最善于阅读的同学的名字			
能说出游戏过程中搭档的表现			
能分辨大脑、心脏、肺、肝脏、大肠的形状			
能发现观察人体器官时表现突出的同学			
活动二			
能正确填写蝴蝶成长过程的序号			
能说出最善于观察的同学并说明理由			
正确制作“身体生长记录卡”			
能说出自己身体和外貌发生的变化			
活动三			
能找出代表自己成长的物品并说明理由			
能画出在成长过程中发生的趣事			
能与同学分享自己成长趣事并记录			
能复述同学说的成长趣事			

续表

评价内容	自评	互评	师评
活动四			
能完成自我评价表			
能说出自己的长处和不足			
能说出某位同学的优点			
能选出设立和执行目标的要求			
能设立两个以上的具体可行的成长目标			
活动五			
能自己阅读绘本，知道哪些属于身体的隐私部位			
能知道不能跟陌生人走			
能正确吟诵童谣			
能说出在吟诵过程中表现优秀的同学			
活动六			
能自己阅读绘本，知道如果走丢了该怎么做			
能说出如何拒绝陌生人的搭讪			
能正确吟诵童谣			
能说出在吟诵过程中表现优秀的同学			

评价标准：优秀、良好、一般

第三单元

我的新学校

活动目标

1. 知晓学校主要场所的名称、位置和工作人员。

2. 了解学校主要场所的功能。

3. 了解学校的作息时间，养成早睡早起的好习惯。

4. 区分两分钟预备铃和上课铃，并能做好上课准备工作。

5. 文明进校、安全离校。

6. 知道参加集会的礼仪规范和纪律要求。

评估证据

1. 认识校园的主要场所和工作人员。

（1）说出学校主要场所的名称和位置。

（2）区分学校里的工作人员和所做工作。

2. 大致了解学校中主要场所的功能。

3. 知道学校的作息时间。

（1）说出学校一天的日程安排，上学、放学时间，并对父母说说一天最快乐的一刻。

（2）坚持打卡 28 天，养成早睡早起好习惯。

4. 能区分两分钟预备铃和上课铃，并能做好上课准备工作。

5. 文明进校、安全离校。

（1）到校门口后，能与家长道别，在志愿者的护送下走斑马线。

（2）在校门口遇到执勤老师，能主动行礼向老师问好；遇到同学打招呼。

（3）慢慢走进教室，不奔跑。

（4）离校时，和老师道别，整队出校门，等父母来接，不能擅自回家。

6. 文明集会。

（1）升国旗仪式前，能遵守升国旗仪式的礼仪。

（2）会背本年级“五爱誓词”宣言。

（3）参加年级集会时，能遵守年级集会的礼仪。

活动内容

1. 认识校园

2. 有声有色七彩二小

3. 学校的作息表

4. 两次铃声大不同

5. 文明进校园

6. 文明集会

活动一　认识校园

知识链接

我们的校园

上海市金山区朱泾第二小学是一所具有百年历史的学校。

学校有自然实验室、计算机房、唱游室、美术室、书法室、生活劳动室、乒乓球训练房，有150米四跑道塑胶跑道。学校图书馆藏书35 280册，还拥有96座的阅览室和172座的阶梯教室。

探究活动

1. 猜一猜。

（1）请小朋友们仔细观察下面几幅图，猜一猜这些图片分别是校园的哪些地方，然后写下来。

（　　　　）

（　　　　）

(　　　　)

(　　　　)

（2）你猜对了________个地方。

（3）你的同桌猜对了________个地方。

（4）你是如何猜出这些地方的呢？

（例：第三张照片我看到了跑道，所以我猜出这里是操场。）

2. 在老师的帮助下认一认。

老师

保安叔叔

卫生老师

保洁阿姨

食堂师傅

（1）请小朋友们仔细观察这些人物，你们知道他们在学校的工作吗？

（2）我知道了________个人的工作。

（3）我的同桌知道了________个人的工作。

（4）如果我有________（什么问题），我可以找________（谁）帮忙解决。

活动二 有声有色七彩二小

知识链接

二维码技术

二维码又称二维条码，常见的二维码为 QR Code，QR 的全称是 Quick Response。二维码技术是移动互联网时代开始流行的一种信息识别技术，是新一代的条码技术，它比传统的 Bar Code 条形码能存更多的信息，也能表示更多的数据类型。用户用手机扫描二维码，就可以进入它对应的地址，获得完整的数据。

探究活动

1. 一分钟听校园。

在我们美丽的校园里，隐藏着很多这样的标牌，标牌上有简单的文字介绍和一个二维码，小朋友们，竖起耳朵，我们一起来听一听二维码里的秘密吧！

我听到的校园介绍是：____

____

2. 寻宝大作战。

在老师的带领下，利用课间或午休的时间，去校园里找一找其他的标牌，看一看、听一听校园各个地方的介绍吧！

我找到了________个标牌，分别介绍了校园的____（哪些地方）。

我觉得________同学的介绍特别好，因为____。

活动三 学校的作息表

知识链接

学校作息时间表

学校作息时间表指学校具体标明各项日常活动开展的时间表，是学校中的每个人员执行日常工作、学习、休息的时间标准。

探究活动

1. 作息表我会认。

（1）认识学校作息表。

金山区朱泾第二小学作息时间

上午	7:40—7:45	教师早操
	7:45—8:20	阳光八点、学生早操
	8:30—9:05	第一节
	9:17—9:52	第二节
	10:04—10:44	第三节（课前眼保健操）
	10:56—11:31	第四节
午　间		
下午	1:00—1:20	午会
	1:30—2:05	第五节
	2:17—2:57	第六节（课后室内操）
	3:09—3:49	第七节（课前眼保健操）
	4:00—4:25	晚托、社团活动
	4:30	下班

注：

1. 周一下午上两节课，3:00 学生放学，3:20 教职工政治学习。
2. 周二至周五放学时间：一二年级 3:50，三至五年级 4:25。
3. 如有集体活动，放学时间另行通知。

我知道了________，我们该____。

（2）你知道我们上学和放学的时间吗？

上学时间是________，放学时间是____。

（3）下面哪个时间是周一的放学时间？请你选一选。

A. 下午两点　　B. 下午三点　　C. 下午三点半　　D. 下午四点

2. 香甜睡眠我拥有。

（1）小调查：你几点起床？几点睡觉？

我每天______点起床，______点睡觉。

如果要准时上学不迟到，小朋友们就得早睡早起。

（2）任务单一：回家和父母做一份作息时间表，贴在自己的书桌附近。

我的家庭作息时间表（见右图）。

（3）任务单二：挑战28天养成早睡早起好习惯。

28天打卡挑战“早睡早起”

1	2	3	4	5	6	7
8	9	10	11	12	13	14
15	16	17	18	19	20	21
22	23	24	25	26	27	28

如果挑战不成功，说说原因：____

____

活动四 两次铃声大不同

知识链接

铃声的作用

校园的铃声从人工敲击铁器、手摇铃铛、电子铃声、音乐铃声等一路变迁，越来越动听悦耳。然而，校园铃声的主要功能并没有变化，依然是给广大师生起警示、提醒的作用。

探究活动

1. 听一听两种不同的铃声。

2. 预备铃和上课铃的区别你知道吗？

预备铃响起，我们应该________________________________。

（迅速回教室入座，静候老师）

上课铃声响起，我们应该______________________________。

小结：当教师宣布上课时，全班应迅速肃立，向老师问好，待老师答礼后，方可坐下。起坐做到桌椅无声响。

3. 上课迟到怎么办？

情境故事：

丁零零，下课了，小刚第一个冲出教室；丁零零，上课了，小刚满头大汗跑进班级。他做得对吗？快来帮帮他吧！

小结：上课时，如有特殊情况晚到班级，应在教室门口站定，经老师示意进入后方可回座位。

4. 交流：下课后我们该做什么呢？

下课后，我们应该：

____

____

____

____

小结：下课后，应做好下节课课前准备后（文具盒置于课桌正中，课本、字典等放在座位左上角）再离开教室。离开教室时，让老师先行。

下课后，由值日生负责擦黑板，整理教室，其他同学到教室外进行望绿或室外活动。需要上厕所的同学，入厕时讲究卫生，小便入池，便后洗手。

5. 念儿歌。

快乐课间

下课铃声一响起，下节啥课记记牢。
书本物品准备好，喝水放松别忘掉。
跳绳踢毽编花篮，文明游戏不追跑。
帮助调节休息好，课间活动很重要。

活动五　文明进校园

知识链接

南圩路现状

朱泾二小门口前的南圩路是一条由南向北的单行道，东面是一排商户，两边都是老式居民小区，整条道路比较狭窄，在早高峰期间经常会发生交通堵塞。学校组成了一支由校领导、值班老师、学校保安和家长志愿者为主的护校志愿队，每天在上下学期间维持校门口的秩序，保证学生的安全。

探究活动

1. 小调查：你是怎么上学的?

我是________上学的。

2. 你认识学校门前的马路吗？

这条马路叫________，它是一条单行道，由南向________。

3. 穿马甲的叔叔阿姨是谁？

他们是________________，帮助维持上下学校门口的秩序。

4. 观看视频或照片，这几位小朋友做得对吗？

我认为他们做得________，因为______________________________________。

放学了，我们又该怎么做呢？请你说一说（写在右下角的方框内）。

活动六 文明集会

知识链接

学校的集会

学校大队部每周一组织升旗仪式活动，这是进行爱国主义教育和集体主义教育的重要手段。学校每年都有不同主题和形式的集会活动，如“开学典礼”“庆祝六一”“十岁集体生日”“毕业典礼”，等等，地点也不尽相同。

探究活动

1. 升旗仪式要安静。

（1）观看视频。

（2）交流：举行升旗仪式时，我们该怎么做？

升国旗仪式前，________________________________。

升国旗时，________________________________。

唱国歌时，________________________________。

听专题讲话，________________________________。

升旗仪式结束后，________________________________。

（3）我们朱泾二小的“五爱宣誓”口号你会吗？

领：五星红旗在朱泾二小的上空冉冉升起，我们面对国旗宣誓。

合：宣誓宣誓宣誓！

领：我是二小好少年，

合：五爱时刻记心间。

分年级——

一年级：爱自己爱家人。

二年级：爱老师爱伙伴。

三年级：爱班级爱学校。

四年级：爱家乡爱祖国。

五年级：爱世界爱地球。

领：常怀一颗感恩心，

合：二小有我更精彩。

（4）念儿歌。

听到集合号声响，迅速列队整服装。

行进有序快静齐，精神抖擞进操场。

升旗式，受教育，尊重国旗守礼仪。

升国旗，要肃立，大家立正齐敬礼。

唱国歌，要庄重，唱正确，放高声。

升旗仪式结束后，整齐安静快退场。

2. 集会广播我守纪。

（1）创设场景进行讨论。

（2）小结：参加年级集会时听从带队老师指挥，整队进入集合地点，慢慢入座，保持安静。集体广播时，桌面上的物品清理干净，保持桌面整洁，坐姿端正，安静听广播，不小声议论。

活动评价表

评价内容	自评	互评	师评
活动一			
能说出学校主要场所的名称和位置			
能根据观察，说出学校不同员工的工作性质			
知道自己在学校遇有什么困难可以找谁帮助			
活动二			
了解学校主要场所的功能			
能找到学校一些场所的标牌			
能发现讲解比较好的同学			
活动三			
了解学校的作息时间			
知道上学和放学的时间			
坚持打卡 28 天，养成早睡早起好习惯			
活动四			
能区分两分钟预备铃和上课铃			
能做好上课准备工作			
能说出自己下课时间准备做什么			

续表

评价内容	自评	互评	师评
活动五			
能说出自己是乘什么交通工具上学的（或步行）			
能说出学校门前马路的名称			
能说出穿红马甲的叔叔阿姨是谁			
能说出上学怎样文明进校园			
能说出放学怎样文明离校园			
活动六			
能说出升旗仪式时我们应该怎样做			
知道参加集会的礼仪规范和纪律要求			

评价标准：优秀、良好、一般

第四单元

我们都是好朋友

活动目标

1. 了解小伙伴，提高交往能力和表达能力，增进友谊。

2. 了解自己的老师并能敞开心扉跟老师沟通，懂得感恩。

3. 能与伙伴互相了解、欣赏和鼓励，锻炼自理能力和提升融入集体的意识。

4. 初步感知人与人之间存在差异性，学会尊重教师和朋友。

5. 初步形成规则意识，增强对班级的向心力。

评估证据

1. 大胆表达，乐于交友。

（1）能抓住同桌的特征画出他的样子，真诚大胆地夸一夸他的优点并送上祝福。

（2）能制作一张精美的书签并写上关于友谊的名言送给伙伴。

2. 认识老师，懂得感恩。

（1）能画出班主任某个特征，大胆说出想跟老师说的话。

（2）能说出教师节的日期，了解教师节送的花。动手制作教师节卡片，表达祝福。

3. 团结同学，友爱伙伴。

（1）能唱跳《找朋友》歌，能画出好友的特征。

（2）能较流利地介绍郊游的趣事，说出伙伴的闪光点，向他们学习。和伙伴一起列一张郊游清单并介绍。

4. 尊师重友，增进情谊。

（1）懂得尊师是中华民族的传统美德，能在生活中实践尊师的礼仪。

（2）知道绘本的故事大意，懂得好朋友各自也可以有属于自己的空间和时间。

5. 遵守公约，爱护班级。

（1）能自我检查并观察他人是否有保持教室干净的好习惯。

（2）根据自己或别人提出的问题，针对性修改公约并遵守。和伙伴相互监督，共同进步。

（3）能为美化班级出力，布置图书角、绿化角等。

活动内容

1. 我的新伙伴
2. 我的新老师
3. 团结友爱好伙伴
4. 友好相处懂尊重
5. 爱班级

活动一　我的新伙伴

知识链接

珍贵的友情

中国有句古话："得奇书读如观花，有好友来胜赏月。"汉字"朋友"的"朋"字，就是二月同行，互相照耀，相互欣赏。中国人非常重视朋友的力量，一个篱笆三个桩，一个好汉三个帮。

朋友见证了我们一起走过的成长历程，朋友丰富了我们的生活。朋友可以使人不再孤单，朋友可以使一个人的世界充满欢声笑语，朋友可以帮助你不断进步，朋友就像冬天的阳光一样温暖你我的心灵。和朋友在一起的时候，可以忘记一切的烦恼，快快乐乐地度过每一天。

探究活动

1. 画一画。

在班级里，同桌可以是你最好的朋友，是上学时你最亲近的人。你的同桌长什么样？（请你在头像、半身、全身中任选一个画一画）

2. 夸一夸。

你的同桌有什么了不起的地方？请你夸一夸。

例：我的同桌小明，他的个子特别高，值日生擦黑板的时候，别人擦不到的地方都请他帮忙擦，他总是很乐意，老师也常常表扬他呢！

3. 写一写。

在你的给同桌画的像下面，写上一句话祝福他吧！

例：小明：

祝你学习进步，越长越高，长得比老师还高！

同桌：姚明

我喜欢________写的祝福语，因为________________________________。

知识链接

嘟嘟的书签

妈妈给嘟嘟买了一本《米小圈上学记》，嘟嘟一拿到手，就迫不及待开始看了起来。“吃晚饭啦！”随着妈妈的叫声，嘟嘟随手把书一扔，就去餐桌上吃饭了。等他吃完饭，他想再去看书，怎么也找不到刚才看的那一页，翻了好久才找到。妈妈看见了，拍拍他的头，说：“嘟嘟，和妈妈一起做张书签，有了它，你就不会再翻不到啦！”

探究活动

1. 读了上面的故事，我知道书签是用来________________________________。

2. 制作书签。

你想设计一个什么样的书签？请你展开想象的翅膀，试着画一个书签的草图，然后动手制作吧！

你的书签打算送给谁？____________________。

3. 做一做。

① 选外形，外形是____。

② 绘图案，图案是____。

③ 打孔，系上丝带，丝带的材质是____________________________________。

4. 写一写。

书签除了可以做标记，还可以欣赏收藏，或是写上祝福的话语，把它送给我们的好朋友。请在以下关于“友谊”的名言中，选一句喜欢的，写在你的书签背面，或者自己创作一句：

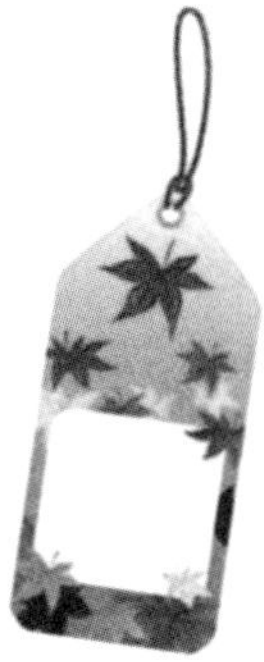

____

（1）海内存知己，天涯若比邻。——王勃

（2）人生最美好的东西，就是他同别人的友谊。——林肯

（3）与朋友交，言而有信。——《论语》

活动二　我的新老师

知识链接

如果说小学生是祖国含苞待放的花朵，那么老师则是辛勤的园丁。语文、数学、英语、自然、体育、美术……每一门学科都有老师负责教授知识。而在所有的老师中，班主任是陪伴学生时间最长的人。

有句俗话说得好："火车跑得快，全靠车头带。"一个班集体，没有一位好的班主任，那么这个班必是一盘散沙；没有一位严厉的班主任，这个集体就像喧闹的菜市场；没有一位勤劳的班主任，班里的学生肯定很懒惰；如果没有一位善良、和蔼的班主任，那么这个班的学生也没有爱心与热心。一个班的好坏，班主任起着很大的领头作用。

探究活动

1. 我的班主任是__________（学科）____________________老师。

2. 我对他 / 她的印象是：____________________（可以写特点，比如外貌，性格等）

3. 你认真地观察过你的班主任吗？请你画画他 / 她。

4. 你给你的班主任老师打多少颗星？

☆☆☆☆☆

为什么？

____

____

5. 你还喜欢哪位老师？对他 / 她说说心里话吧！

____

____

6. 我的同桌更喜欢________老师，理由是：____________________

____

____

知识链接

“九月十日”教师节

1985 年 1 月 21 日，第六届全国人大常委会第九次会议作出决议，将每年的 9 月 10 日定为我国的教师节。传道授业解惑的教师，被誉为人类灵魂的工程师。

教师节送老师康乃馨是最好的选择，一束康乃馨不仅代表着学生对老师的真情感恩，同时也祝愿着彼此的师生情谊长久永恒。如果是送年轻老师的话，则可以选择粉红色的康乃馨；如果是送年长的老师，则可以选择送红色康乃馨。

探究活动

1. 和三位同学读一读教师节的来历。

朗读声音最洪亮的同学是________；朗读得最有感情的同学是________；读得最流利的同学是________。

2. 教师节是几月几日？教师节到了，你能送几句祝福给老师吗？

____

____

3. 同桌写的话是：________________________________

4. 教师节，我们还可以为老师献上一束花。认真朗读知识链接中的第二段文字，然后说一说。

（1）什么花合适？

（2）什么颜色合适？

（3）你想送给哪位老师？

5. 除了鲜花，亲手给老师做贺卡也很有意义哦！做贺卡需要什么工具？

____

6. 请你设计教师节贺卡并送给老师吧！

老师看了我给他制作的卡片，给了我 ☺☺☺☺☺ 个笑脸。

活动三　团结友爱好伙伴

知识链接

你是我的好朋友

朋友带给我们温暖、支持和力量，让我们感受生活的美好。在人生的旅途上，朋友伴我们同行，友谊照亮我们的生活之路。真正的朋友应互帮互助，在追求共同的理想中一起成长进步。朋友就在我们身边，只要我们用一颗真诚的心去对待朋友，就能交到真正的好朋友。

我们可以用一首《找朋友》歌来开启寻找好友的旅途：找呀找，找呀找，找到一个好朋友，敬个礼，握握手，你是我的好朋友。

探究活动

1. 唱一唱。

我会唱了，给自己点亮 ☆☆☆☆☆颗星。

2. 跳一跳。

歌词（动作）：找呀找呀找朋友（奔跑踏步状），找到一个好朋友。（面对面）敬个礼呀握握手（做相应动作），你是我的好朋友。（抱一抱）……

大家都动起来了，真高兴！

我找到的朋友是：________、________、________和________。

3. 画一画。

我的小伙伴中，我最了解__________。我还记得他 / 她的爱好是____。我要画一画他 / 她，让大家都认识一下他 / 她！

4. 夸一夸。

我给伙伴画的肖像，他 / 她很喜欢，给了我 ☺☺☺☺☺ 个笑脸。

知识链接

一起去郊游

和朋友们一起郊游会特别开心。不过郊游有很多注意事项。

1. 注意防寒保暖。

2. 注意饮食卫生。在外野炊野餐，加强个人卫生，勤洗手，防止肠道传染病。

3. 注意自己以及同伴的安全。

4. 注意时刻提醒自己及同伴不乱扔垃圾。

5. 注意不要到处闲逛，脱离队伍。

6. 避免过分劳累，量力而行。

探究活动

1. 我曾经和伙伴们去过________________。

2. 说一说。

在郊游时，令我印象深的一件事是________________________。

3. 在这次郊游过程中，我觉得我对别人来说有用的地方表现在：____

4. 我觉得________是最会照顾别人的，我要给他点个赞，并且向他学习。

5. 下次郊游我想去__________（地点），跟__________去，郊游前我觉得还要准备些东西，比如：

活动四 友好相处懂尊重

知识链接

程门立雪

有一次，杨时去拜见程颐，但是当他从窗户外边看见他的老师在屋子里边坐着睡着了，不忍心打扰他的老师，就站在门外边，静静地等着他的老师醒过来。天上下起了大雪，而且越下越大，杨时没有走，而是在雪中站立着。过了一会儿，积雪已经很厚了，杨时依旧没有进屋，直到他老师醒来后，他才走进屋内。程颐说那个时候他看见了一个雪人。后来杨时也成为有名的大学者。这件事后来作为尊重老师的典范。

探究活动

1. 在小组内把程门立雪的故事有感情地讲一讲。

我觉得________讲得好，因为________________________________。

2. 你从这个故事中明白了什么道理？________________________________

3. 尊师表现连连看。

进校门时	使用文明用语，不赌气，不吵闹。
放学时	面带微笑，站定后行礼，老师回礼后再走开。
进办公室时	排好路队集体离校，主动与老师说“再见”。
上下楼梯时	进门前喊“报告”，老师同意再进去。
和老师沟通时	轻声慢步靠右行，遇见老师主动问好。

4. 想一想，说一说。

（1）我觉得在尊敬老师方面，我要保持的优点是：________________________

（2）我要改进的方面是：________________________________

（3）在你的身边，谁在尊敬老师方面做得很好？他／她的什么做法值得我们学习？

知识链接

好朋友

① 在一个美丽的农庄里，住着许多许多可爱的小动物，其中公鸡咕咕、小老鼠强强、小猪波波最最要好了，他们一有空就黏在一起，打弹子、荡秋千、跳绳，可有意思了！

② 每天早上，天刚蒙蒙亮的时候，三个好朋友就起床了！公鸡咕咕要负责叫醒农庄里的小动物。小老鼠强强和小猪波波都会在一旁帮忙。在三个好朋友共同的努力之下，农庄里的动物们都醒了。

③ 有一天，他们在村里的池塘边捉迷藏。小老鼠强强躲在芦苇丛里的时候，发现了一艘旧船。他们三个便立下共同的志愿——要成为海盗。好朋友总是一起做决定的。

④ 可是，在当海盗之前，肚子却饿了。他们去摘了樱桃吃。摘到的樱桃一颗分给小老鼠强强，一颗分给公鸡咕咕，两颗分给小猪波波，就这样一直分下去。小老鼠强强没什么意见，不过，公鸡咕咕觉得不公平。所以，他又分到了所有的樱桃核。因为，好朋友总是要公平对待的。

⑤ 在鸡舍后面，水桶旁边，他们三个发誓要一辈子做朋友。那天晚上，他们打算在小老鼠强强家睡觉。可是，公鸡咕咕被卡在洞口了。于是，他们又决定到小猪波波家过夜。不过，小老鼠强强鼻子太灵敏了，他不想睡在猪舍里。最后，公鸡咕咕提议到鸡舍的木杆上睡觉。可是木杆断了！三个好朋友呢？他们只好互道晚

安，各自回到自己的床上去。“有时候，好朋友也不能一直在一起。”他们说。

⑥ 可是，他们在梦里又见面了。因为，好朋友总是会出现在彼此的梦中。

探究活动

1. 读一读。

读了绘本《好朋友》，我知道了小猪波波、小老鼠强强和公鸡咕咕是好朋友。（根据绘本内容完成下面的填空）

好朋友总是互相帮忙的。

好朋友总是________________________________。

好朋友________________________________。

2. 想一想。

（1）三个好朋友一直在一起吗？

____

（2）分开了以后会影响他们之间的感情吗？

____

3. 说一说。

“世界上没有完全相同的两片树叶。”小动物们的睡觉方式不同，小朋友们的性格特点和兴趣爱好也不一样。你遇到过和好朋友的想法不一样的时候吗？你们是不是发生了争吵？说一说你是怎么解决的。

有一次，我和________同学对________（事情）想法不一样，他 / 她说________
____我说
____。

推荐阅读

并不是世界上每个人都能有自己的朋友。有一只大猩猩没有朋友，他很孤单，于是决定出租友情……大猩猩交到朋友了吗？快去看看绘本《我有友情要出租》吧！见网址：http：//www.360doc.com/content/19/0130/06/30574419_812083520.shtml。

活动五　爱班级

知识链接

班级公约

班级公约是班级成员都应自觉遵守的约定，由老师和同学共同协商制定，能用来指引、监督、约束大家。

常见的班级公约有：

认真完成课堂作业和前一天的作业，每天早读前交作业。

上课认真听讲，积极主动回答问题。对老师要有礼貌，对同学要互相帮助，不要恶意攻击他人。

要爱护公物，不在课堂乱刻乱画、乱摔乱打，不在课堂乱扔垃圾。

不在课间、午休后追逐打闹，影响他人。

探究活动

1. 想一想。

我们的班级名称是：________________

我们的班级公约是：________________

____

2. 说一说。

我们班出现过什么不文明的现象吗？我们需要修改公约的哪些内容来阻止这种现象呢？

我觉得________说得不错，我同意他/她的看法。因为________________

________________________________。

3. 小组讨论。

整理一下新公约和旧公约，动脑筋写成顺口溜，让它读起来朗朗上口吧！

［示例］

旧公约：见到老师主动打招呼，言谈举止要文明。不骂人，不打架，不给别人取绰号。

新公约：见到老师问声好，文明阳光有礼貌。

试着自己创造新公约吧！

旧公约：____

新公约：____

知识链接

教　室

教室是学生学习、生活时间最长的地方，因此，保持教室卫生更加重要。这不仅有利于同学们的身体健康，而且有利于同学们养成良好的卫生习惯，并能让同学们在整洁的教室环境中认真学习。

教室里的黑板报是用粉笔或广告颜料作书写绘画工具的普及性宣传阵地，易擦洗、修改、更换。黑板报评选时要关注以下几个方面：

1. 整个版面的构图、布局和视觉效果。

2. 板报内容。

3. 报头、插图、花边等美工的艺术处理及其与文字内容、中心主题的结合程度。

4. 色彩运用。

探究活动

1. 自查好习惯。

我平时做到桌椅轻拿轻放、橱门轻开轻关了吗？

给我自己打个星！

☆☆☆☆☆

2. 点赞好榜样。

我连续观察了一个礼拜，________同学的桌面、桌肚、橱柜通常保持得最整洁！给他／她点个赞！

3. 我们来美化教室。

我觉得教室里可以有________________________________（角、栏、园地名称）。

我想带________________（文具、植物、自己的作品等），想放在教室的____。

4. 板报我设计。

黑板报我们可以自己来设计！这次的黑板报主题是：我爱我班。看看我们小组的设计图吧！

5. 关于出黑板报，我们的小组有分工：

姓　　名	任　　务

6. 评评我们的黑板报。

五颗星：“我爱我班”主题明确，内容丰富，有儿歌、文字介绍等。书写端正整齐，配有插图，色彩鲜明。版面干净大方不拥挤，有适当的留白。

四颗星：“我爱我班”主题比较清晰。书写比较端正，文字与主题相关。色彩鲜艳。

三颗星：能体现“我爱我班”主题，有配图和文字，运用多种色彩。

同学们为我们点亮了☆☆☆☆☆颗星。

活动评价表

评价内容	自评	互评	师评
活动一			
我能用心画出我同桌的肖像			
我能发现同桌的优点并夸赞他 / 她			
我能为同桌写下真诚的祝福			
我知道书签的用途			
我能发挥想象力，设计好看的书签			
我能选择合适的书签外形、图案和材质			
我能选择喜欢的名言，写在书签上			
活动二			
我知道班主任是谁			
我能描述对班主任的印象			
我能抓住班主任特点，画出肖像画			
我能表达对老师的喜欢并和同桌分享			
我能认真倾听并评价他人的朗读			
我知道教师节的日期并能写下祝福语			
我知道做贺卡需要的工具			
我能用心设计贺卡送给老师			
活动三			
我能和伙伴一起唱跳儿歌并在唱跳中找到朋友			
我知道朋友的爱好			
我能认真为朋友画肖像画			
我能讲述郊游时发生的故事			
我知道郊游中自己的长处			
我能和伙伴合理填写郊游清单			

续表

评价内容	自评	互评	师评
活动四			
我能有感情地朗读《程门立雪》			
我能从故事中读懂尊师的道理			
我知道尊师行为			
我能实践尊师礼仪			
我能读《好朋友》绘本			
我知道好朋友也不是一直在一起的			
我能表达和好朋友之间发生的事情			
活动五			
能说出班级和班级公约			
能针对不文明现象提出修改公约的内容			
能写出朗朗上口的顺口溜			
能发现自己的好习惯			
能发现同学的好习惯			
能为美化教室作贡献			
能完成板报分工任务			

评价标准：优秀、良好、一般

第五单元

可爱的动植物

活动目标

1. 了解大蒜的特征，用简单的图文进行记录，体验发现的乐趣。学会提取信息，找出关键词。

2. 交流探秘报告，学会表达自己的所写、所想，敢于在同伴面前自信表达。能按照图例种植大蒜，学会水培大蒜的方法。能用文字、数据、图画等形式记录大蒜的生长变化，能有坚持不懈的科学精神。

3. 认识苗菜的形态、种类及其作用，能对苗菜产生兴趣，并提出问题。能合作完成苗菜的种植，知道如何培育苗菜，体验种植的乐趣。

4. 学会如何手握剪刀，掌握收割苗菜的方法，提高动手操作能力，体验收获粮食的快乐。做到不浪费苗菜，懂得节约粮食。

5. 能认识一些常见的校园植物，感受接触大自然的快乐，懂得尊重他人。能发现不同植物叶子的不同之处，感受植物的多样性，并将叶子进行简单分类。

6. 能发现不同叶子的不同结构，学会尊重他人的劳动成果。

7. 观察蜗牛，能选择蜗牛的某一部位进行仔细观察，初步认识蜗牛的身体结构，了解蜗牛的食物喜好，能与小动物和谐相处。

8. 能对蜗牛进行各种感官实验，学会保护小动物。

评估证据

1. 大蒜知多少。

（1）探秘大蒜。

① 能用看一看、摸一摸、闻一闻等方法对大蒜进行仔细观察。

② 能写出大蒜的颜色、气味、外皮的质感以及蒜瓣的数量。

2. 大蒜我来种。

（1）能把自己记录的内容说给同伴听，交流代表可以大胆、完整地说出自己的发现。

（2）能说出种植大蒜时是否需要剥去外层皮的原因。

（3）剥皮小组将大蒜皮剥干净放入水中，水浸没部分大蒜即可；不剥皮小组直接将大蒜放入水中，水浸没部分大蒜即可。

（4）能每天坚持用测量工具测量大蒜根和叶子的长度变化并记录，能用图画的形式记录大蒜的生长变化。

3. 初始种植苗菜。

（1）认识苗菜

① 能说出苗菜喜欢的生长环境特征。

② 能说出苗菜根茎叶的形态。

③ 至少能说出两种苗菜的种类及其作用。

④ 至少能提出一个有关苗菜的问题。

（2）种植苗菜。

① 能说出种植苗菜的步骤。

② 能与伙伴一起种植苗菜。

③ 能说出苗菜发芽前及发芽后浇水的次数。

4. 收割苗菜。

（1）能口头表达培育苗菜的过程，说出自己的内心感受。

（2）学习收割。

① 能正确握剪刀。

② 能一手拿适量苗菜，一手拿剪刀，在苗菜根部上方 5 毫米左右处收割苗菜。

（3）收割成效。

① 苗菜盆上没有遗漏的苗菜，被剪处高低相近。

② 剪完苗菜后，能收拢刀刃将剪刀放回原处。

5. 叶子大不同。

（1）至少认识三种校园植物，并说出植物的名称。

（2）能向同伴或老师清楚表达自己喜爱的树叶的特征，在同学发言时认真听讲不打断。

（3）至少说出不同品种树叶的两个不同之处，比如颜色不同、形状不同、大小不同等。

6. 叶子的结构。

（1）能指着树叶说出叶柄、叶脉、叶缘、叶片分别是叶子的哪个部位。

（2）能照着一半的树叶画出该树叶另一半的叶柄、叶脉、叶缘、叶片。

（3）能说出同伴画得好的地方，能给同伴的作品提出意见或建议。

（4）能按照树叶的大小、颜色或其他类别进行分类。

7. 认识蜗牛。

（1）能正确识别出蜗牛的大触角、小触角、口、头、眼睛、壳、足等身体结构。

（2）能够通过实践初步总结出蜗牛的食物喜好。

（3）能够通过蜗牛养殖实践，总结出蜗牛喜欢住的生活环境并记录。

8. 蜗牛身体的小秘密。

（1）能够对蜗牛的本领进行有合理依据的猜测。

（2）能够在爱护蜗牛的前提下，小组合作按照要求完成蜗牛感官实验，并进行正确及时的记录和交流。

活动内容

1. 大蒜知多少
2. 大蒜我来种
3. 初始种植苗菜
4. 收割苗菜
5. 叶子大不同
6. 叶子的结构
7. 认识蜗牛
8. 蜗牛身体的小秘密

活动一　大蒜知多少

知识链接

大　蒜

小朋友们，你们好！我是大蒜。你们知道我属于植物的哪个部分吗？哈哈，你们一定想不到吧，我不是果实，而是植物的地下鳞茎。鳞茎是一种构造很特别的茎，它通常长在地面下，是一种扁平或圆盘状的地下茎。植物鳞茎的养分丰富，不必种在泥土中，只要有些水分就能生长。我具有强烈辛辣的蒜臭味，不仅可作调味料，而且可入药。我可以杀菌、除腥味、驱虫，是著名的食药两用植物。

探究活动

1. 探秘大蒜。

（1）小朋友们，我们来猜个谜语吧！

谜面：兄弟七八个，围着柱子坐，坐相不太好，腰弯背也驼。（打一蔬菜）

谜底是________。我________（猜对了 / 没猜对）。

看看图片中的大蒜，谜面是不是形容得很形象？

（2）你对大蒜有哪些了解呢？我们一起来探密大蒜吧！

① 先请小朋友们四人一组分好小组，并选出组长。

我和________、________、________组成了小组，我们的组长是________。

② 四人一组一颗大蒜，按照要求解密大蒜，把你的发现填写在任务单上。

看一看，大蒜是什么形状、什么颜色的，它像什么？

摸一摸，大蒜的外衣摸上去是什么感觉？

闻一闻，大蒜的气味是怎样的，你喜欢这种味道吗？

请组长戴上手套，轻轻脱去大蒜的外衣。大蒜穿了几件外衣？

数一数，大蒜有几个兄弟姐妹？

探秘结束，赶紧去填写探秘报告吧！

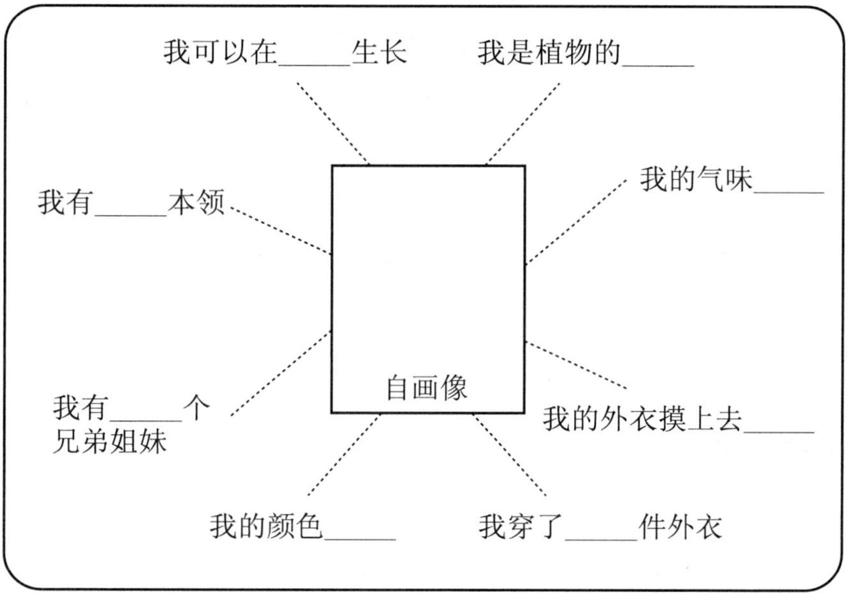

2. 解读大蒜。

大蒜还有很多隐藏的秘密，我们一起来读读资料深入了解一下大蒜吧。

阅读了资料，你能从中找出关键词吗？

（1）用“——”画出大蒜是植物的哪个部分。

（2）用“~~~~”画出大蒜可以在哪里生长。

（3）用“══”画出大蒜可以做成什么。

（4）用“………”画出大蒜有什么用途。

小组同学交流中你的发现。

________同学画出大蒜是植物的哪个部分的关键词是__________________。

________同学画出大蒜是植物的哪个部分的关键词是__________________。

活动二 大蒜我来种

知识链接

大蒜的种植

大蒜喜好冷凉，较耐低温，要求较多日照和较高温度促进其花芽及鳞芽分化。此外，大蒜生长以砂质土壤最好，在砂土中生长的大蒜辣味浓，但质地松，不耐储藏。大蒜根浅，根毛多，根系吸水、吸肥能力较弱，所以不耐旱。在不同的生长期，大蒜对土壤湿度的要求各不相同。萌芽期要求较高的土壤湿度，以促进发根发芽；幼苗期水分不能过多，防止幼苗徒长，便于根系的纵向生长；鳞茎膨大期，应降低土壤湿度，避免鳞茎外皮腐烂变黑。

探究活动

1. 交流探秘报告。

小朋友们，上节课大家都完成探秘报告了吧！先和自己的组员进行交流，然后选出一个代表到全班交流。

我们小组的代表是__________，我觉得__________交流得比较好。

2. 大蒜怎么种。

小朋友们，我们已经知道大蒜在水中就能生长，小红和小明打算也来种一种，但是他们起了一点小争执，我们去听听发生了什么事情。

________同学的种植方法是____

________同学的种植方法是____

你们同意谁的说法呢？小组讨论一下，说说你们的想法。

我们同意__________的说法，因为______________________________________。

3. 大蒜我来种。

不同的小组有不同的想法，不如我们来一场比赛，看看种大蒜到底要不要剥去外层的皮。我们把剥去蒜皮的小组命名为实验 A 组，没有剥去蒜皮的小组命名为实验 B 组。

实验 A 组材料

实验 B 组材料

在塑料杯中倒入适量水，大蒜放入水中时，根部被水淹没即可。如下图：

实验 A 组

实验 B 组

我们小组种植____________(正确 / 不正确),____________小组种植(正确 / 不正确)。

4. 学习做记录。

在大蒜生长期间，我们每天都要进行观察记录：

① 大蒜是什么时候发芽的；

② 大蒜的根、叶子生长的情况，可以用尺测量它们的长度，记录下数据；

③ 画下大蒜的生长变化。一周之后，我们要和其他小组交流比较生长情况哦。

小问题：如果根和叶子是弯弯曲曲的，那如何进行测量呢？

任　　务	姓　　名
测量根和叶子的长度	
文字记录	
图画记录	

我们是实验________（A/B）组

日期：________ 变化：________ ________	日期：________ 变化：________ ________	日期：________ 变化：________ ________	日期：________ 变化：________ ________
日期：________ 变化：________ ________	日期：________ 变化：________ ________	日期：________ 变化：________ ________	日期：________ 变化：________ ________

发芽时间：____________

我们发现：剥皮的大蒜________（可以 / 不可以）发芽，没有剥皮的________大蒜________（可以 / 不可以）发芽；________（剥皮 / 没有剥皮）的大蒜先发芽。

活动三　初始种植苗菜

知识链接

苗　菜

苗菜是各种谷类、豆类、树类的种子培育出可以食用的有机苗，常见的有机苗菜有荞麦苗菜、相思豆苗菜、小麦苗菜、葵花籽苗菜、红白萝卜苗菜、花生苗菜、蚕豆苗菜等 30 多个品种。

探究活动

1. 初识苗菜。

同学们，跟老师一起去参观一下学校的七彩苗圃吧，请大家看一看里面都有什么。

（1）参观苗圃。

① 同伴之间互相说一说从班级到苗圃的路线。

路线是：____

② 同伴之间互相说一说你在苗圃里看到了什么。

我看到了：____

③ 你觉得苗菜喜欢怎样的生长环境，并说说你的理由。

我认为苗菜喜欢的环境是：________________________________

因为：____

（2）认识苗菜。

① 先小心地拔出一根苗菜，再仔细观察，你能形容一下它的样子吗？

我觉得苗菜长得：

---

② 你能认出苗菜的根茎叶吗？请你用线连一连。

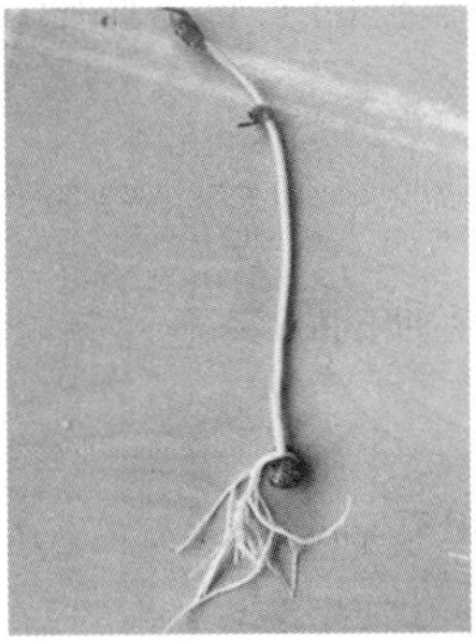

叶

茎

根

（3）苗菜的种类及作用。

我们学校种植的是豌豆苗菜，它的作用是清热利尿、美白去黑、防止便秘。快去听听老师的介绍，苗菜还有哪些种类，不同的苗菜还有什么功效。

听了老师的介绍，我记住了________种苗菜，它们分别是：

________苗菜，作用是____。

________苗菜，作用是____。

班级里记住最多的是________，他 / 她记住了________种。

（4）苗菜小疑问。

认识了苗菜，对于苗菜有什么问题想问吗？可以与同伴和老师说一说。

我提了________个问题，________帮助我解决了问题。

2. 种植苗菜。

（1）种植步骤。

仔细观察老师的种植步骤，然后给下图的种植步骤排序。

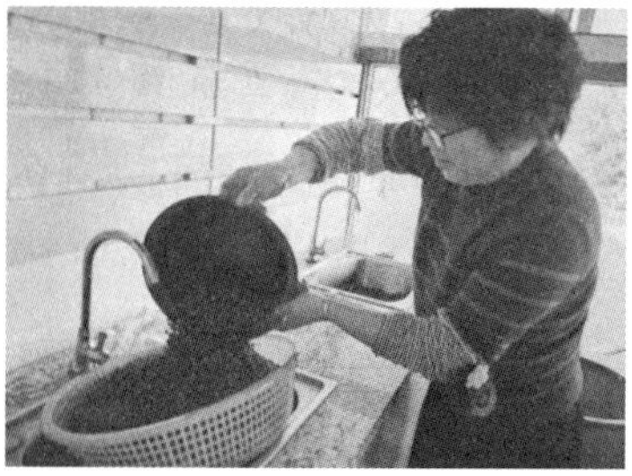

清洗种子

____

铺纸装盘

____

浸泡种子

____

你和伙伴们都对了吗，如果对了，给自己点亮大拇指吧！

（2）合作种植。

选一个伙伴，一起种一盆苗菜吧。

我选的伙伴是________，我们__________（完成了 / 没有完成）种植。

我们____________（打扫干净了 / 没有打扫干净）种植区域。

（3）浇水原则。

苗菜要怎么浇水呢？长到多高可以收割呢？听听老师是怎么说的。

发芽前每天浇________次，发芽后每天浇________次，长到________厘米可以收割。

活动四　收割苗菜

知识链接

苗菜收割

苗菜多属于速生的蔬菜，它们在适宜的温湿度的条件下，产品形成周期最短只需 5～6 天，最长也不过 20 天左右，平均每年可生产 30 茬。由于大多数苗菜较耐低温弱光，因此既可露地栽培，又可设施栽培；既可采用土壤平面栽培，也可采用无土立体栽培。此外，还可在不同光照或黑暗的条件下进行“绿化型”“半软化型”和“软化型”产品的生产。特别是在废弃的厂房或房屋中进行半封闭式、多层立体、苗盘纸床、无土免营养液栽培的规范化集约生产，极适合于土地资源紧缺的繁华城市及外界环境条件恶劣的科学考察站、海岛前哨、边远林区、航行中的船只等。

探究活动

1. 交流感想。

同学们，经过你们的精心培育，你们的苗菜长得如何了？互相看看同伴们的种植成果，说说你们的培育经历和感受吧。

我觉得__________的苗菜种得最好，因为__________________________________。

2. 学习收割。

苗菜已经成熟了，我们一起收割吧。

（1）每人认领一把剪刀、一只塑料盘、一个塑料袋。

（2）照着下面左图的样子，试着拿一下剪刀；照着下面右图的样子试着将剪刀传递给伙伴。

请你们互相评一评，拿剪刀的姿势对了吗？传递剪刀的姿势对了吗？

如果对了，请点亮大拇指。

（3）一手拿住一小把苗菜，一手拿剪刀收割，如下图。

看一看同伴的姿势，我觉得__________（同伴的名字）的姿势最标准。

在苗菜根部以上 5 毫米处收割苗菜。

（4）收割成效。

剪完的苗菜盆里不要有剩余的苗菜，被剪处尽量整齐。

比一比同伴的苗菜盆，我发现＿＿＿＿＿＿＿＿剪的苗菜最靠近根部，＿＿＿＿＿＿＿＿＿＿的苗菜盆没有剩余的苗菜，＿＿＿＿＿＿＿剪的苗菜最整齐。（横线上填写同伴的名字）

3. 收割完后将剪刀收拢，刀刃朝一个方向放回篮子中，并打扫苗圃。

请同学们互相评一评，有没有按照要求放剪刀，自己的收割区域有没有打扫干净，如果做到了，请为我点亮大拇指。

活动五 叶子大不同

知识链接

叶 子

叶子是高等植物的营养器官，叶内含有叶绿体，是植物进行光合作用的主要器官。同时植物的蒸腾作用也是通过叶子的气孔实现的。叶子可以有各种不同的形状、大小、颜色和质感。叶子可以聚成一簇，也可以遍地散落。叶子的边缘可以是光滑的，也可以是锯齿状。

探究活动

1. 植物我欣赏。

同学们，请沿着“操场——小花园——荷花池”的路线，欣赏一下校园中的植物吧。在欣赏的过程中，请仔细聆听老师的介绍。你能记住哪些植物呢？请把你记住的植物名称和你的伙伴交流一下。记住，不可以随意采摘树叶哦！

我记住了________种植物，我的伙伴记住了________种植物。

2. 叶子我来说。

校园植物真丰富！你有没有喜欢的叶子呢？

请用下面的句式和你的同伴或老师说说你喜欢的叶子长什么样子，可以有自己的补充哦！

我喜欢的是________叶子，它是________色的，它的形状是________，它的气味是________。

我觉得________同学介绍得最好。

矩圆形

（山合欢）

圆形

（旱金莲）

三角形

（杠板归）

箭形

（慈姑）

琴形

（琴叶榕）

戟形

（金荞麦）

剑形

（鸳尾）

3. 叶子我比较。

同学们，你们喜欢的叶子都长得一样吗？

选择一个伙伴，比一比你们的叶子有什么不同的地方。

我选择比较的伙伴是________，我的叶子和他 / 她的叶子________不同。

4. 叶子的形状。

（1）树叶像什么？

选一片你最喜欢的叶子，和你的伙伴说说，你收集的树叶形状像什么。

我收集的树叶形状像________________________________。

（2）按形状分类。

观察一下你和同桌的树叶，你们能把形状相似的树叶放一起，并给这一类形状取名吗？

按形状分类			
名称			
树叶			

我们按形状分了________类。

请把你们的分类结果和其他同学分享。

5. 叶子我来分。

除了按照形状分类，还可以怎么分类？和你的伙伴一起想一想。

我们还按照________、________、________分类。请把你们的分类结果贴在下面。

按________分类			
树叶			

听一听其他同学说的分类方法。班级中________分类的方法最多。

活动六　叶子的结构

知识链接

叶子的结构

叶是由茎尖生长锥周围的叶原基发育而来。叶的各部分在芽开放以前就已形成。叶通过叶柄与茎相连。叶柄的构造和茎的构造很相似，但叶片是一个较薄的扁平体，在构造上与茎有显著不同之处。通常植物的叶子是由表皮、叶肉、叶脉三个部分组成，并且每个部分又可以再细分。各部分同时在执行着自己的功能，以保证植物体的正常生存。

探究活动

1. 认一认叶子的结构。

同学们，我们已经知道不同的树叶有很多不同的地方，请再次仔细观察，不同的树叶会有相同的地方吗？

（1）找相同。

选择几片你喜欢的树叶，和你的同伴说一说，你找到哪些相同的地方。

我发现这些树叶____________________相同。

我找到了________个相同的地方，我的同伴找到了________个相同的地方。

（2）认结构。

这些树叶相同的地方有它的名字，问问你的老师，它们叫什么。

把名称和结构用线连一连吧。

我连对了________个结构，我的同桌连对了________个结构。

2. 画一画叶子的结构。

同学们，你们能画出叶子的结构吗？剪下一半树叶，贴在下面的框内，在真树叶的旁边画出另一半树叶。

我画出了“叶脉☆”“叶片☆”“叶柄☆”“叶缘☆”。

3. 欣赏与评比。

（1）欣赏一下伙伴们的作品，你最喜欢谁的作品？为什么？

请根据下面的句式说一说：

我最喜欢__________的作品，因为______________________________________。

（2）你想为谁的作品提意见，说说你的建议。

请根据下面的句式说一说：

我想为__________的作品提意见，我觉得__________可以改进，因为________

____。

活动七 认识蜗牛

知识链接

蜗 牛

蜗牛是无脊椎动物，软体动物门，腹足纲，肺螺亚纲，蜗牛科。壳一般呈低圆锥形，右旋或左旋。头部显著，具有触角两对，大的一对顶端有眼。头的腹面有口，口内具有齿舌，可用以刮取食物。蜗牛有甲壳，形状像小螺，颜色多样化，走动时头伸出，受惊时则头尾一起缩进甲壳中。蜗牛身上有唾涎，能制约蜈蚣、蝎子。它取食植物，产卵于土中或者树上，在热带岛屿比较常见。

探究活动

1. 蜗牛的身体结构。

（1）同学们，观察蜗牛图片，说一说你对蜗牛的认识。

蜗牛是____。

（2）请各小组用放大镜观察蜗牛的身体结构，看一看有什么新的发现？

我们发现蜗牛____________________________________。

（3）同学们，你们在观察实物蜗牛后，将文字与图片对应部位连一连。

大触角

小触角

口

头

眼睛

壳

足

2. 蜗牛的食物喜好。

交流讨论：你觉得蜗牛爱吃什么？

我觉得蜗牛爱吃________、________、________等。

试验比较：分别用绿叶菜、水果、肉类喂食蜗牛，观察、比较蜗牛爱吃什么，然后在下面相应的空格下打“√”。

我喂的食物	白菜	青菜	猪肉	鱼肉	苹果	香蕉
蜗牛吃的食物						

通过试验，我总结出蜗牛喜欢吃：

____

3. 蜗牛喜欢的环境。

试验：养殖蜗牛，观察蜗牛喜欢的生活环境。在蜗牛喜欢的地方上画☆

(　　)

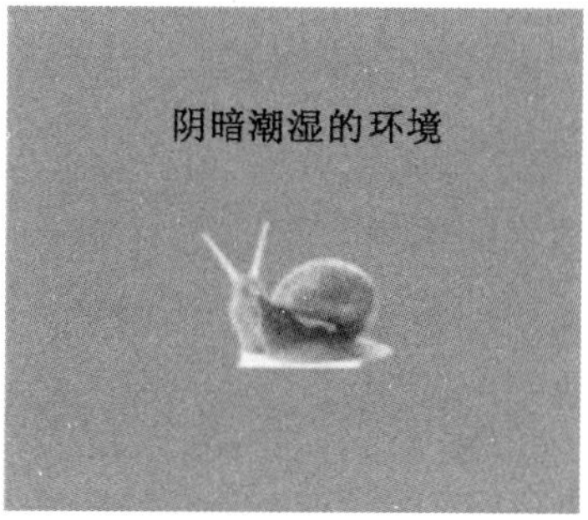

(　　)

活动八　蜗牛身体的小秘密

知识链接

蜗牛的生活习性

蜗牛喜欢钻入疏松的腐殖土中栖息、产卵、调节体内湿度和吸取部分养料，时间可长达12小时之久。它喜潮湿，怕水淹。在潮湿的夜间，投入湿漉的食料，蜗牛的食欲活跃。小蜗牛一孵出，就会爬动和取食，不要母体照顾。当受到敌害侵扰时，蜗牛的头和足便缩回壳内，并分泌出黏液将壳口封住。当外壳损坏或致残时，它能分泌出某些物质修复肉体和外壳。蜗牛具有惊人的生存能力，对冷、热、饥饿、干旱有很强的忍耐性。气温在25℃～28℃之间，其生长发育和繁殖旺盛。蜗牛在爬行时，还会在地上留下一行黏液，这是它体内分泌出的一种液体。

探究活动

1. 猜猜蜗牛的本领。

（1）同学们，请猜一猜蜗牛有没有听觉、视觉、嗅觉、味觉和触觉。

我的猜测是＿＿＿＿＿＿＿＿＿＿＿＿＿＿＿＿＿＿＿＿＿＿＿＿＿＿＿＿。

（2）说一说猜测的原因。

我的原因是＿＿＿＿＿＿＿＿＿＿＿＿＿＿＿＿＿＿＿＿＿＿＿＿＿＿＿＿。

2. 试试蜗牛的本领。

（1）明确活动要求。

听觉：①在蜗牛前方10厘米处拍手观察其反应；②在蜗牛前方10厘米处摇铃观察其反应。

视觉：①在蜗牛前 2 厘米处放一根棉花棒，观察其反应；②把蜗牛放在自定的“起点”，前面一块是阴凉处，另一块是有手电筒照射，观察蜗牛的爬行方向。

嗅觉：①用棉花棒蘸醋，放在蜗牛前 3 厘米处，观察蜗牛的爬行；②在蜗牛前方玻璃板上滴几滴蔗糖溶液，观察蜗牛的爬行。

味觉：把撕碎的纸混在白菜叶中，观察蜗牛吃什么。

触觉：用棉棒触碰蜗牛的触角、头顶、颈部、腹足外壳，观察蜗牛的反应。

（要求：在实验过程中注意爱护蜗牛）

（2）请各小组按照要求开展活动并进行记录。

	听觉	视觉	嗅觉	味觉	触觉
猜测					
实验结果					

（3）请各小组代表交流实验结果。

活动评价表

评价内容	自评	互评	师评
活动一			
能猜对谜语			
能找到同伴进行组队			
能按要求观察大蒜并记录发现			
能从阅读资料中找出关键词			
活动二			
能与同伴交流自己的任务单			
能评价同学的交流			
能赞同学生的方法并说明理由			
能说出剥皮还是不剥皮的原因			
能按照图例的样子种植大蒜			
知道种植大蒜时要记录的内容			
活动三			
知道从班级到苗圃的参观路线			
能说出在苗圃里看到了什么			
能说出苗菜喜欢的生长环境			
能描述苗菜的结构			
能认出苗菜的根茎叶			
能至少说出两种苗菜及其作用			
能对苗菜种植提出一些疑问			

续表

评价内容	自评	互评	师评
能说出苗菜的种植步骤			
能与伙伴合作种植苗菜			
知道苗菜浇水的原则			
活动四			
能交流自己的培育过程			
能表达培育过程中自己的内心感受			
会正确握剪刀，传递剪刀时能做到握住刀刃， 手柄对着对方			
能一手拿住一小把苗菜，一手拿剪刀， 在根部朝上 5 毫米处收割			
剪完苗菜后盆里没有多余的苗菜，被剪处高度相近			
能将剪刀收拢朝一个方向放回篮子中			
能自觉爱护苗圃的环境			
活动五			
能说出三种校园植物名称			
能说出叶子的颜色、形状和气味			
能发现介绍叶子最好的同学			
能和同学比较叶子的不同之处			
能说出叶子的形状并根据形状分类			
能按类别粘贴叶子			

续表

评价内容	自评	互评	师评
活动六			
能找出叶子的相同结构			
能准确地把叶子的名字和结构连在一起			
能画出树叶的四个结构			
能欣赏同学的作品并说明理由			
能为同学的作品提建议并说明理由			
活动七			
能根据图片说出蜗牛的身体结构			
能用放大镜观察蜗牛的身体结构并说出新发现			
能准确连一连蜗牛身体部位和对应文字			
能通过实验说出蜗牛爱吃的食物			
通过观察说出蜗牛喜欢的生活环境			
活动八			
能猜出蜗牛在感觉方面的本领并说明原因			
能通过实验记录蜗牛在感觉方面的本领			
在实验过程中能爱护蜗牛			
能在交流中积极发言			

评价标准：优秀、良好、一般

第六单元

小小环卫士

活动目标

1. 观察家中和学校里产生的生活垃圾，讨论垃圾的危害和处理方式，知道可以反复利用或变废为宝的垃圾是可回收垃圾，增强对可回收垃圾的认识。

2. 初步认识垃圾分类标识，能区分可回收垃圾、干垃圾、湿垃圾和有害垃圾，并能正确将垃圾进行分类，逐渐养成良好的垃圾分类习惯。

3. 观察校内垃圾分类的情况，能发现问题并提出建议，初步形成保护校园环境卫生的意识和习惯；能以宣传海报的形式宣传垃圾分类，让更多人知道垃圾分类的好处或者意义，提高垃圾分类、保护环境的责任感，培养主人翁意识。

4. 了解常见的天气现象（风、雨、雷、晴、阴等），具有探究天气现象的兴趣，并能列举生活中的例子，了解天气变化与人们的生活有着密切的关系。

5. 学会关注天气的变化，感悟天气变化与人们的生活有着密切的关系，能用自己最喜欢的方法记录天气变化，学会根据天气变化调整生活状态。通过对天气预报的播报体验，培养自信。

评估证据

1. 生活垃圾我知道。

（1）能说出自己一天内在家中和学校产生的生活垃圾。

（2）能至少说出一种垃圾的危害。

（3）能至少说出一种垃圾的处理方法。

（4）能模仿画出可回收垃圾标识。

（5）能和小组内同伴进行互帮互助，积极有序地在教室里找到可回收的垃圾。

2. 垃圾分类我先行。

（1）能认识所有可回收垃圾。

（2）能用彩笔画出四种垃圾分类标识。

（3）能和小组内同伴交流合作并积极有序参加垃圾分类小游戏。

3. 校园环境我宣传。

（1）能发现校内垃圾分类的问题并提出可行性建议。

（2）有保护环境的宣传意识和习惯。

（3）能设计出宣传垃圾分类的海报并得到他人的认可。

4. 天气现象我认识。

（1）能准确圈出听到的天气现象并能区分天气图标。

（2）能够形象绘出最喜爱的天气现象并说明理由。

（3）能够至少说出 1 ～ 2 条不同天气对我们生活的影响。

5. 今天天气我预报。

（1）能够看懂天气预报。

（2）能根据不同的天气特征提出合理温馨的小提示。

（3）能够用生动的语言播报上海市最近一周的天气，播报时自信、流畅。

活动内容

1. 生活垃圾我知道

2. 垃圾分类我先行

3. 校园环境我宣传

4. 天气现象我认识

5. 今天天气我预报

活动一 生活垃圾我知道

知识链接

每个人每天都会扔出许多垃圾，在一些垃圾管理较好的地区，大部分垃圾会得到科学卫生的填埋、焚烧、堆肥等无害化处理，而更多地方的垃圾则常常被露天堆放或填埋，导致臭气熏天，并且污染土壤和地下水。垃圾无害化处理的费用是非常高的，根据处理方式的不同，处理一吨垃圾的费用约为一百元至几百元不等。人们大量地消耗资源，大规模地生产，大量地消费，又大量地生产着垃圾，后果将不堪设想。

因此有了垃圾分类。分类后的垃圾被送到工厂而不是填埋场，既省下了土地，又避免了填埋或焚烧所产生的污染，还可以变废为宝。在人与垃圾的战役中，人们把垃圾从敌人变成了朋友。

探究活动

1. 小朋友们，你们知道吗？我们每天的生活垃圾从哪里来呢？

（1）我们每天会在家中和校园里产生什么垃圾呢？（在方框里画一画）

我在家中产生的垃圾	我在学校产生的垃圾	我的_____在家中产生的垃圾

（2）你们的家人会在家中产生什么垃圾呢？（在右上方框里画一画或写一写）

2. 根据调查，上海平均每天产生近 2.7 万吨生活垃圾，每两周就可以堆出一幢金茂大厦。这么多垃圾如果没有进行合适的处理，会产生什么后果呢？

（1）中间的图为堆满塑料袋的河流，右图为堆满饭盒的道路的一角。选择一幅图和你的同伴说一说，乱扔垃圾会对河流或道路产生什么危害。

____

（2）下面还列了一些乱扔垃圾的危害，选出三个你认为最严重的危害说一说理由。

①危害人体健康　②有碍卫生　③影响景观　④堵塞江河　⑤污染空气

⑥危害农作物　⑦污染农田　⑧侵占土地　⑨危害动物的健康

我选择__________。

理由是______________________________。

3. 乱扔垃圾的危害这么多，目前我们应该如何处理垃圾呢？我们一起来看一段视频了解一下吧。

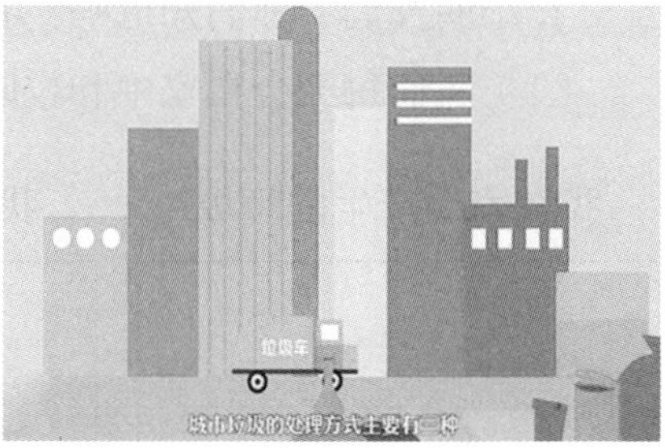

（1）说一说。

①看视频前，你认为垃圾是如何处理的？

____

____

②看视频后，你知道了垃圾的处理方法有哪几种？

____

（2）思考：将所有的垃圾一起进行焚烧或填埋，这样方便吗？有什么不利之处？

____

____

4. 其实，我们生活中有许多垃圾可以不用处理，而是可以直接回收起来再利用。

（1）看了上面变废为宝的图片，说说你在生活中是否有过类似小创意。

我曾经把垃圾做成____。

（2）你还知道哪些垃圾可以回收利用呢？

判断下图垃圾是否可以回收利用，在是的下面打“√”，不是的打“×”。

（　　）

（　　）

（　　）

（　　）

（　　）

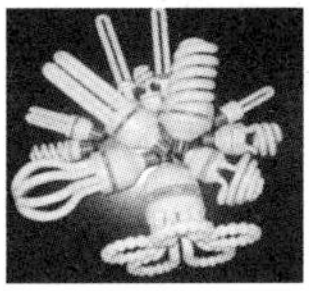
（　　）

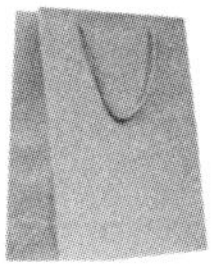
（　　）

（3）我们把可以利用或变废为宝的垃圾叫作可回收垃圾。

简单了解了可回收垃圾后，画一画你知道的一些可回收垃圾。

可回收垃圾

5. 寻找可回收垃圾。

两人一组，找一找学校里的可回收垃圾，限时2分钟，找到后放在指定的地方，看谁找得又快又多又正确。

（1）我们找到了（　　）样东西，经讨论，我找的东西中有（　　）样是正确的。

（2）在这个活动中，我觉得我的伙伴__________对我________帮助。（有 / 没有）

活动二　垃圾分类我先行

知识链接

2019 年 7 月 1 日起实行的《上海市生活垃圾管理条例》明确规定：生活垃圾分类标准为可回收物、有害垃圾、湿垃圾、干垃圾。可回收物指废纸张、废塑料、废玻璃制品、废金属、废织物等适宜回收、可循环利用的生活废弃物；湿垃圾即易腐垃圾，指食材废料、剩菜剩饭、过期食品、瓜皮果核、花卉绿植、中药药渣等易腐的生活废弃物；有害垃圾指废电池、废灯管、废药品、废油漆及其容器等对人体健康或者自然环境造成直接或者潜在危害的生活废弃物；干垃圾指除可回收物、有害垃圾、湿垃圾以外的其他生活废弃物，常见的干垃圾有餐巾纸、一次性餐具、毛巾、毛发等。

探究活动

1. 上节课我们认识了可回收垃圾，下图的中间是可回收垃圾的标志，和同伴说说这个标志有什么特点，然后再连一连。

经过核对，我连线连对了（　　　）个，在我们小组里，________的准确率最高。

2. 小朋友们，上题没连到的两个是什么垃圾呢？

（1）仔细观察，说一说：湿垃圾和有害垃圾标识上画的是什么？

（2）除了可回收垃圾、湿垃圾、有害垃圾，生活中还有什么垃圾呢？

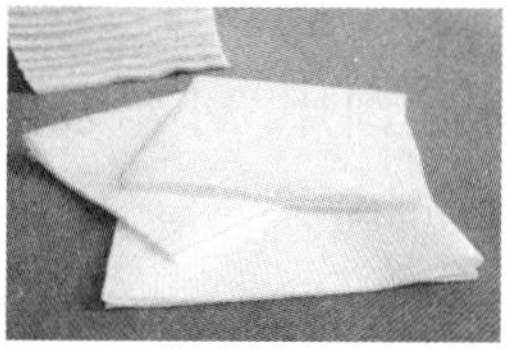

（3）仔细观察右上图，说一说：干垃圾的标识上画的是什么？

____

（4）在相应的空格内选择画出两种垃圾的标识。（使用对应垃圾桶颜色的彩笔）

可回收垃圾	湿垃圾	干垃圾	其他垃圾

我的同桌是__________。

我认为他 / 她的标识____________图案特征。（完全符合 / 较符合 / 不符合）

他 / 她没有选择的两类垃圾分别对应的颜色是：

（　　　　）垃圾——__________色。

（　　　　）垃圾——__________色。

3. 游戏：送垃圾宝宝回家。

要求：四人一组，每组 10 张画有垃圾的图片，小组合作，将这些垃圾投进对应的垃圾桶里，看看哪个小组完成得又快又正确。

在刚刚的垃圾分类游戏中，我们组用时____________，获得了第________名。10 个垃圾我有（　　）个正确扔进对应的垃圾桶里，在我们小组里，我觉得__________表现得最好，____________的垃圾分类常识还有欠缺。

活动三　校园环境我宣传

知识链接

学校是育人的场所，良好的校园环境是熏陶同学们文明进步的基础阵地。特别是校园的美化与文化，对同学们能产生耳濡目染、潜移默化、养性怡情、陶冶情操的积极作用。良好的环境给人的行为提出了较高的要求，使人的行为变得文明。而实行校园垃圾分类可大幅度地减少垃圾增加带来的污染、节约垃圾无害化处理费用，有利于进行资源再利用。在校园中开展垃圾分类、回收利用的活动，不但可以使资源循环再利用，还可以培养学生环境保护的意识。我们要普及垃圾分类知识，全面推广和落实完善的垃圾分类，建设一个绿色、和谐、美丽、节约型的校园。

探究活动

1. 当你在这美丽的校园中学习，为我们美好的未来而努力时，相信我们每一个同学都渴望有一个干净的校园，渴望健康的生命，渴望绿色，渴望我们有一个良好的生活环境。然而每天校园里都会有很多的垃圾，请你在小组内说一说，我们每天都在制造哪些垃圾。

我们组经过讨论，发现我们组每天都在制造的垃圾有：（在编号上打“√”）

① 橡皮屑　② 剩饭剩菜　③ 餐巾纸　④ 一次性餐具　⑤ 废旧电池　⑥ 铅笔屑
⑦ 瓜果皮　⑧ 薯片包装　⑨ 薯片屑　⑩ 牛奶盒　⑪ 其他________

2. 开学至今，我们在垃圾分类的过程中遇到了不少问题，小组讨论说一说。

（1）我们组在垃圾分类过程中遇到的问题是：

____

我们班级内遇到的问题是：

____

（2）小胖也遇到了不少问题，同桌讨论后把帮助他的办法写在下页右边方框内。

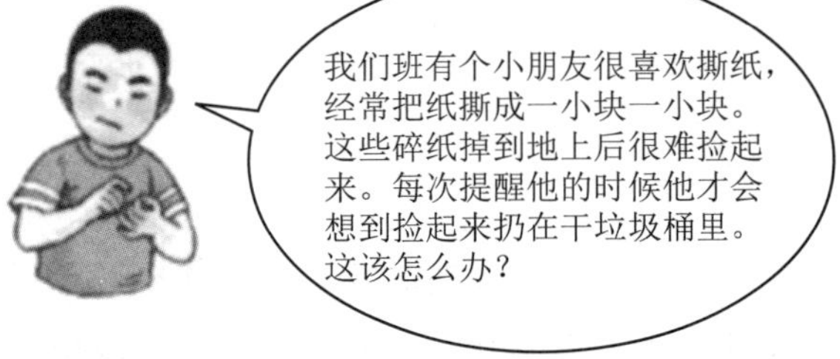

3. 为了增强大家的环境保护意识，营造良好的学习氛围，让校园环境更加整洁亮丽，请根据大家遇到的问题，小组合作，每组设计一份垃圾分类宣传海报。

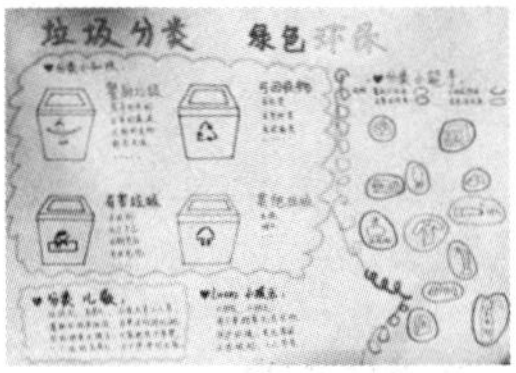

（1）经过选举，我们组的小组长是__________。

（2）设计海报分工。

	排版	写字	画画
学号			

（3）选择合适的绘画材料。

材料	画　笔	纸　张
选择	□水彩笔　□油画棒 □彩铅　□黑色记号笔	□铅画纸 □ A4 纸

（4）我认为__________组的海报（符合 / 不符合）垃圾分类的主题。

我还想给他们提点意见：____________________

（5）我最想带着宣传海报去__________进行宣传垃圾分类。

我会对他们说：____________________

活动四 天气现象我认识

知识链接

天气现象是指发生在大气中、地面上的一些物理现象，包括降水现象、地面凝结现象、视程障碍现象、雷电现象和其他现象等，这些现象都是在一定的天气条件下产生的。这些天气现象反映着大气中不同的物理过程，是天气变化的体现，也是天气预报的依据之一。

一些灾害性的天气现象，如大风、暴雨、冰雹、龙卷风、暴风雪、浓雾等更是直接影响到农牧业和交通运输业。

探究活动

1. 观看天气预报视频。

（1）请圈出听到了哪些天气现象。

晴　　阴　　雨　　雪　　多云　　　补充：________________

（2）下面四幅图片分别是什么天气现象？选择一幅图片说一说你是怎么判断的。

________　　________　　________　　________

我认为第________幅图是________天。因为__________________________天的特点是____。

（3）请将下列天气现象与对应的天气特征图片连线。

晴	
阴	
雪	
多云	
雨	

我连对了（　　）个，我的同桌是__________，他 / 她连对了（　　）个。

2. 说一说你最喜欢的天气现象，并说明喜爱的理由。

（1）我最喜欢的天气是________。

因为____。

我觉得__________说的喜爱的理由最能打动我。

（2）画一画你最喜欢的天气现象。

我同桌画的天气现象是__________，我认为他 / 她画的特征（符合 / 不符合）实际情景。

3. 观看下面图片，说一说不同的天气对我们的生活都有哪些影响。

____

我说出了（　　）个影响，我觉得最严重的是______________________________。

经过学习，我觉得我对天气现象有了（非常多 / 较多 / 较少）的了解。

活动五　今天天气我预报

知识链接

天气预报的主要内容是一个地区或城市未来一段时期内的阴晴雨雪、最高最低气温、风向和风力及特殊的灾害性天气。天气预报是根据气象观测资料，应用天气学、动力气象学、统计学的原理和方法，对某区域或某地点未来一定时段的天气状况作出定性或定量的预测。它是大气科学研究的一个重要目标，对人们生活有重要意义。

如今人们外出，只需收听或观看天气预报，就可以决定是否带雨具，而在过去，人们往往会犹豫不决。

探究活动

1. 播报：2 月 18 日，上海晴，－1℃～ 10℃，东南风 1 ～ 2 级。

（1）这段天气预报中，你看懂了哪些数字或符号？它们代表什么意思？

（2）连一连。

上海	天气
晴	风力大小
℃	最高温度
10℃	最低温度
－1℃	风向
东南风	城市
1 ～ 2 级	温度

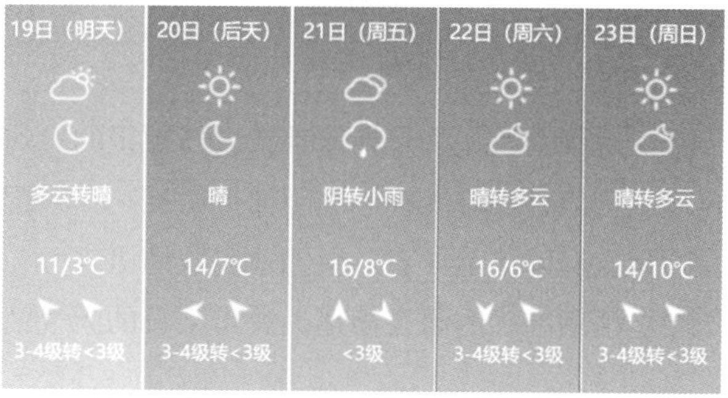

我连对了（　　）个。我的同桌是__________，他 / 她连对了（　　）个。

2. 观看上海市最近一周的天气情况。（见右上图）

（1）上海这一周下雨的概率（　　）。

A. 大　　　B. 中　　　C. 小

（2）上海这一周哪一种天气现象最多？（　　）

A. 晴天　　B. 阴天　　C. 雨天

（3）如果湖北的小朋友这周要来上海旅游，不需要带的是什么？（　　）

A. 短袖　　B. 棉服　　C. 伞

（4）请你再给他一点温馨小提示吧。

小提示：________________________________

上面的选择题，我做对了（　　）个，我最喜欢__________给出的提示。

经过学习，我________看天气预报。（会/不会）

3. 观看上海市的某日天气预报视频。

（1）观察主持人都是如何预报天气预报的？勾出你认为比较关键的地方。

□天气信息及时准确　□面带微笑　□具体时间地点　□具体天气状况

□带有温馨提示　□适当肢体语言　补充：__________

（2）请用准确的语言简述上海市某日的天气情况并小组内练习播报。

____

____

（3）请各小组推出一名小预报员播报上海某日的天气。

我认为__________（学号）小预报员播报得最好。原因是________________

________________________________。

活动评价表

评价内容	自评	互评	师评
活动一			
能画出家中和学校产生的生活垃圾			
能说出乱扔垃圾产生的危害			
能说出垃圾的处理方法			
能将垃圾变废为宝成创意用品			
能判断垃圾是否可以回收利用			
能画出可回收垃圾			
能找出教室里的可回收垃圾			
活动中和同伴互帮互助，积极交流合作			
活动二			
能说出可回收垃圾标识的特征			
能准确连对可回收垃圾			
能说出湿垃圾和有害垃圾标识的特征			
能看图说出图片所示垃圾			
能说出干垃圾标志的特征			
能正确选择对应颜色画出两个垃圾分类标识			
能够和小组内同伴合作完成游戏			
活动三			
能勾出每天都在制造的垃圾			
能说出垃圾分类过程中遇到的问题			

续表

评价内容	自评	互评	师评
能积极思考帮助解决他人问题			
能分工设计宣传海报			
能选出合适的绘画材料			
能对他人的海报进行评价			
能说出海报宣传语			
活动四			
能准确圈出听到的天气现象			
能正确判断图片所示天气现象			
能准确将天气现象与对应的天气特征图片连线			
能说出最喜欢的天气及原因			
能画出最喜欢的天气现象			
能够说出不同天气对生活的影响			
活动五			
能看懂表示天气预报的数字和符号			
能准确地连一连			
能说出本周下雨的概率和天气现象			
能提出合理的温馨小提示			
能勾出比较关键的地方			
播报时自信、流畅、有感染力			

评价标准：优秀、良好、一般

第七单元

自 我 管 理

活动目标

1. 了解书包的构造及作用，按照理书包的步骤，学会整理书包。

2. 了解洗绿领巾的步骤，在实践中学习洗绿领巾的方法，养成良好的爱护绿领巾习惯。

3. 会玩时间游戏，明白时间的重要性，懂得珍惜时间。

4. 了解作息时间，制作出一份比较合理的作息时间表。

5. 了解情绪的多样、多变以及不良情绪的危害。

6. 掌握适当表达、调节不良情绪的方法，做一个开朗、快乐的小学生。

评估证据

1. 学会整理书包。

（1）了解书包是由大、中、小三层夹层组成的。

（2）知道书和本子要放进书包的大隔层里，文具盒放进书包里面的小隔层里，水杯放进书包两侧的小口袋里。

（3）能按照一定的顺序理书包，能在 5 分钟内理好书包。

2. 学会洗绿领巾。

（1）能说出绿领巾像什么以及它的意义。

（2）能正确说出洗绿领巾的步骤。

（3）学会唱儿歌，能做到经常清洗绿领巾。

3. 学会珍惜时间。

（1）记住一些有关惜时的格言、谚语。

（2）听名人故事，懂得时间是宝贵的。

（3）说出在学习、做事时不拖沓、不磨蹭的方法或者建议。

4. 制作息时间表。

（1）能说出 2 ～ 3 点作息时间混乱带来的危害。

（2）能说出自己一天在校的作息安排。

（3）能制作一张合理的作息时间表。

5. 了解情绪。

（1）能说出自己开心或者不开心的原因。

（2）能看图说出图片代表的情绪，能列举自己产生喜怒哀乐的原因。

（3）能列举 1 ～ 2 点不良情绪对自己的伤害。

6. 调节不良情绪。

（1）阅读绘本《苏菲生气了》，说出苏菲产生情绪转变的原因。

（2）学会 1 ～ 2 种调节情绪的方法。

活动内容

1. 学会整理书包

2. 学会洗绿领巾

3. 学会珍惜时间

4. 制作作息时间表

5. 了解情绪

6. 调节不良情绪

活动一　学会整理书包

知识链接

书包及儿歌

书包起源于古代装书的袋子。人们为了装东西方便而制作了包，装书籍之类东西的，称之为书包。

儿童最早接触的文学样式就是儿歌。儿歌总是和儿童的游戏活动相伴相随的，因此儿歌对儿童的作用也就和游戏的作用相仿。儿歌中有大量的作品是以某方面的知识作为题材，形象有趣地帮助儿童认识自然界，认识社会生活，从而开发他们的智力，启迪引发他们的思维和想象能力。

探究活动

1. 介绍小书包。

每个小朋友都有各式各样漂亮的书包，能给大家介绍一下自己的书包吗？

我的书包由________层夹层组成，旁边有两个________，可以放________和________等。有了书包，我们这些学习用品宝宝们就有安乐的家了。

2. 画画小书包。

3. 整理书包的方法。

（1）观看视频《图图的智慧王国》第 55 集《整理书包》。学生看视频后交流整理书包的方法。

我整理书包的方法是____。

我同学整理书包的方法是____。

◆ 我觉得________同学整理书包的方法更好。

（2）读儿歌，学整理书包的方法。

小书包，真神气；小能手，会整理。
先把书本放大层，再把本子放上面。
装了书本装文具，大在下，小在上。
各种物品分类放，零散物品单独放。
分门别类摆放好，养成习惯很重要。

4. 比赛理书包。

（1）自由理书包。

（2）读一读比赛要求。

1. 先请小朋友把书包里的东西放在桌子上	
2. 按视频中归类的方法进行整理	
3. 听到“开始”口令后开始比赛	
4. 整理好后，把书包放在桌子上，起立站直，等待检查	
5. 在 5 分钟内完成整理书包任务	

（3）进行比赛。

比赛时间：5 分钟

比赛地点：教室

参赛同学：______________________________

评判人：______________________________

优胜者：______________________________

活动二 学会洗绿领巾

知识链接

绿领巾

绿领巾是中国共产主义儿童团员的标志。每一个儿童团员都要佩戴绿领巾。绿领巾像春天的苗，它表示儿童团员是祖国的小苗苗，在肥沃的土地上扎根，在和煦的阳光下成长，它要求儿童团员“勤劳、勇敢、向上、为大家”。绿色还象征和平与友谊，绿领巾要求中国的孩子同世界的孩子“友好、团结、心连心”。

探究活动

1. 认识绿领巾。

（1）小朋友们上学了，戴上了鲜艳的绿领巾，谁知道绿领巾像什么？

◆ 绿领巾像________。

（2）绿领巾的意义。

绿领巾像春天的苗，它表示儿童团员是祖国的小苗苗，在肥沃的土地上扎根，在和煦的阳光下成长，它要求儿童团员“勤劳、勇敢、向上、为大家”。

我来说说绿领巾的意义：____

（3）画画绿领巾。

2. 学习洗绿领巾：

（1）展示洗绿领巾步骤。

往盆里倒入少量的水，将绿领巾放入水中浸湿。
把绿领巾捞出来稍拧一下，涂上肥皂来回搓洗。
用清水将绿领巾漂洗干净，将绿领巾轻轻拧干、展平、拉平，搭在衣架上晾晒。

（2）抢答游戏：

洗绿领巾步骤抢答。

抢答人：____________回答步骤：____________（正确 / 不正确）

（3）洗绿领巾：

A. 领取盆和小肥皂；

B. 洗绿领巾；

C. 将绿领巾晾在衣架上；

D. 说说自己是怎样洗绿领巾的。

3. 爱护绿领巾。

（1）比一比谁的绿领巾洗得最干净，叠得最平整。

洗得最干净的是________同学，叠得最平整的是________同学。

（2）学儿歌：

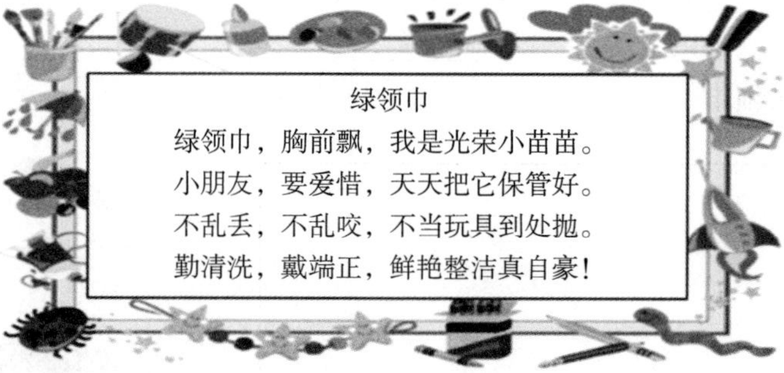

会唱儿歌的同学是____。

唱得最好的同学是____。

（3）总结：回到家自己洗绿领巾，使绿领巾总是保持干净整洁。

活动三 学会珍惜时间

知识链接

时间名言及爱迪生简介

“一寸光阴一寸金，寸金难买寸光阴”是一句俗语，出自《增广贤文》，意思是一寸光阴和一寸长的黄金一样昂贵，而一寸长的黄金却难以买到一寸光阴。这比喻时间十分宝贵。

爱迪生是人类历史上第一个利用实验室来进行发明而对世界产生重大深远影响的人。他发明了留声机、电影摄影机，并完善了电灯，对世界有极大影响。他一生的发明共有两千多项，拥有专利一千多项。

探究活动

1. 读关于时间的谚语和故事。

（1）读时间谚语。

“一寸光阴一寸金，寸金难买寸光阴”，这句话的意思是：________________

____

我还知道表示时间的谚语：________________

____

（2）听爱迪生的故事。

爱迪生常对助手说的话就是：“最大的浪费莫过于浪费时间了。人生太短暂，要多想办法，用极少的时间办更多的事情。”

一天，爱迪生在实验室里工作，他递给助手一个没上灯口的空玻璃灯泡，说：

“你量量灯泡的容量。”说完他又低头工作了。

过了好半天，他问：“容量多少？”他没听见回答，转头看见助手拿着软尺在测量灯泡的周长、斜度，并拿了测得的数字伏在桌上计算。

他说：“时间，时间，怎么浪费那么多的时间呢？”爱迪生走过来，拿起那个空灯泡，向里面斟满了水，交给助手，说：“里面的水倒在量杯里，马上告诉我它的容量。”助手立刻读出了数字。

爱迪生说：“这是多么容易的测量方法啊，它又准确，又节省时间，你怎么想不到呢？还去算，那不是白白地浪费时间吗？”助手的脸红了。

爱迪生喃喃地说：“人生太短暂了，太短暂了，要节省时间，多做事情。”

（3）交流听故事后的感受。

爱迪生常对助手说的一句话是：____。

我们要向爱迪生学习，做事情时要__________________________________。

2. 玩时间游戏。

分组进行写字、做算术题、画画、读课文。

（1）写字组成员：____________________________________

（2）算数组成员：____________________________________

（3）读课文组成员：__________________________________

（4）说一说，在一分钟里，都做了哪些事情？

一分钟，我可以____________________。原来一分钟可以做那么做事！

3. 总结。

在平时的学习生活中，你有过浪费时间的现象吗？今后你打算怎样珍惜时间？

在平时的学习中，我______________________________________。

今后，我打算____。

________同学，做事情不拖拉，及时______________________，我要向他学习。

活动四 制作作息时间表

知识链接

作 息

意思是起居、劳作与歇息，这个词出于《论衡·偶会》。

早晨：6:00—8:00　上午：8:00—11:00　中午：11:00—13:00

下午：13:00—17:00　傍晚：17:00—19:00　晚上：19:00—23:00

世界卫生组织对影响健康的因素进行过如下总结：健康=60% 生活方式 +15% 遗传因素 + 10% 社会因素 + 8% 医疗因素 + 7% 气候因素。由此可见，生活方式管理是新兴起的个人健康管理中最重要的一个策略。健康的生活方式是需要培养的，培养的主动性在人们自己。生活方式管理的观念就是强调个体对自己的健康负责。

探究活动

1. 作息时间混乱带来危害。

观看视频，了解作息混乱对于身体的危害。

2. 了解学生一天的作息。

观察学校的作息时间表，了解自己在校每天的作息情况。

◆ 在观察课程表的过程中，我觉得我们组________同学观察得最仔细。

◆ 在讲解课程表的过程中，我觉得我们组________同学把课程表介绍得最清楚。

◆ 我们还可以在作息表中加入________________等活动内容。

阳光小学作息时间表

7:40—8:20	阳光八点、早操
8:30—9:05	第一节
9:17—9:52	第二节
10:04—10:44	第三节（眼保健操）
10:56—11:31	第四节
午间休息	
13:00—13: 20	午会
13:30—14:05	第五节（室内操）
14:17—14:57	第六节（眼保健操）
15:09—15:49	第七节
16:00	放学

3. 制作作息时间表。

萨沙的周六作息时间表

上午	7:00—7:30		下午	1:00—2:00	
	8:00—8:30			2:00—3:00	
	9:00—10:00			3:00—4:00	
	10:30—11:00			5:00—5:30	
中午	11:30—12:00		晚上	8:30	

内容丰富♡　劳逸结合♡　制作人：________

◆ 在制作过程中，我帮助了________同学，解决了____问题。

◆ 在制作过程中，________同学帮助了我，我想说____。

◆ 我发现________的作息时间表制作合理，因为____。

◆ 我发现________的作息时间表制作不合理，因为____。

活动五 了解情绪

知识链接

情 绪

情绪，是对一系列主观认知经验的通称，是多种感觉、思想和行为综合产生的心理和生理状态。最普遍、通俗的情绪有喜、怒、哀、惊、恐、爱、恨等，也有一些细腻微妙的情绪如嫉妒、惭愧、羞耻、自豪等。情绪常和心情、性格、脾气、目的等因素互相作用，也受到荷尔蒙和神经递质影响。无论正面还是负面的情绪，都是引发人们行动的动机。尽管一些情绪引发的行为看上去没有经过思考，但实际上意识是产生情绪重要的一环。

情绪可以被分类为与生俱来的“基本情绪”和后天学习到的“复杂情绪”。基本情绪和原始人类生存息息相关，复杂情绪必须经过人与人之间的交流才能学习到，因此每个人所拥有的复杂情绪数量和对情绪的定义都不一样。

而我们常说的情商就是指情绪商数，而并非情感商数。

探究活动

1. 热身游戏。

规则：组长抽出一个属于自己组的学号。这一个学号就是幸运号码，这个学生将会得到相应的礼物。

当我没有被抽到学号，我的心情________________________________。

当抽到我的学号时候，我的心情________________________________。

2. 认识情绪。

生活中有各种各样的情绪，老师找到了几幅表现情绪的图片，让我们共同来看一下：

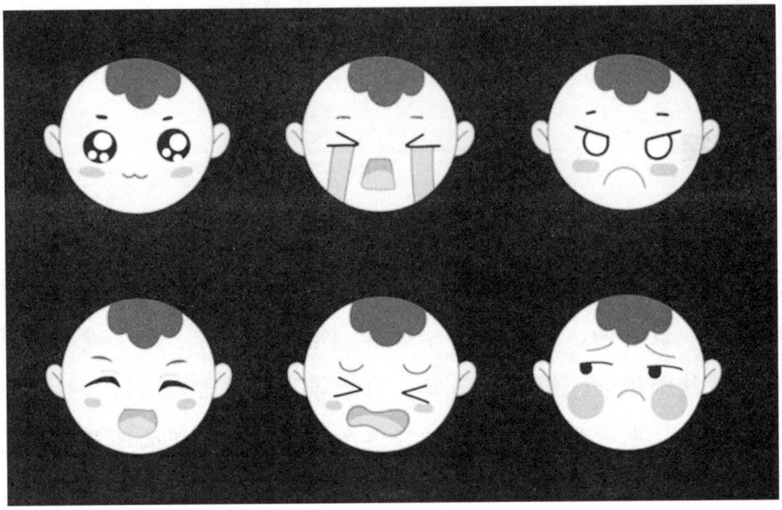

当______________________________，我会很愉快。

当______________________________，我会很难过。

当______________________________，我会很生气。

当______________________________，我会很害怕。

3. 不良情绪的危害。

不良的情绪会给我们带来哪些危害呢？

听故事：小刚和小强是同班的同学，平时体育课上 100 米的赛跑中，他们两个人成绩一样的好。在参加学校的运动会时，小刚听到同学们的加油声心里十分的紧张，害怕自己跑不好，而小强则是很轻松地参加比赛，结果小刚落后了。

听故事：一天下午，小王的父亲给小王买了他最喜爱的足球，小王心里高兴极了。到了学校以后，小王很轻松地就背下了一篇较长的文章。第二天，小王想买一张最新的游戏卡，可是爸爸妈妈不同意，小王很难过，到了学校以后，即使一篇很短的文章也怎么也背不下来了。

我发现不良的情绪，会让我们________________________________。我们需要控制自己的不良情绪。

________同学总是情绪良好，我要向他学习。

活动六 调节不良情绪

知识链接

绘 本

绘本，外来语，即图画书。该词语来自日语的“えほん”，指以绘画为主，并附有少量文字的书籍。绘本不仅可讲故事，学知识，而且可以全面帮助孩子建构精神世界，培养多元智能。绘本是发达国家家庭首选的儿童读物，国际公认“绘本是最适合幼儿阅读的图书”。

探究活动

1. 阅读绘本故事《苏菲生气了》。

绘本故事的主人公名字叫________，她生气是因为________________________。她通过________________表达自己生气了。后来，她不生气了，这是因为____________________________。

2. 画一画本周的情绪。

星期一	星期二	星期三	星期四	星期五	星期六	星期日

________（时间），我生气了，我因为________________而感到很生气。

3. 做情绪小主人。

你会通过什么方法来调节自己的情绪？

（1）转移的方法。

当自己的情绪不好的时候，可以做一些自己喜欢的事情，例如玩游戏、听音乐、打球和跳舞等。

当我情绪不好时，我会____。

（2）学会倾诉。

当心情不好的时候，最好找一个自己信任的人，告诉他自己的心里话，得到帮助以后心情就会变得好起来。

当我情绪不好时，我会告诉________（谁），和他交谈后，我感觉____。

（3）深呼吸法。

通过深呼吸方式，来消除紧张，降低兴奋水平，使自己逐渐平静下来。

练习步骤：

a. 坐直，微闭眼睛，排除杂念，尽力地用鼻子吸气。

b. 轻轻屏住呼吸，心里默数一、二、三。

c. 缓慢地用口呼气，同时心里默数一、二、三。

d. 重复一遍。

我还知道一些控制情绪的办法，如________________，我喜欢________________控制情绪的方法，因为________________，他真是一个情绪控制的高手。

活动评价表

评价内容	自评	互评	师评
活动一			
能用一两句话介绍自己的书包			
能画出自己的小书包			
能说出自己和同学整理书包的方法			
能够发现整理书包更好的同学			
能积极参与理书包比赛			
活动二			
能够说出绿领巾的样子和意义			
知道洗绿领巾的步骤			
能发现洗得最干净的同学			
能发现叠得最整齐的同学			
能够说出儿歌念得最好的同学			
能够做到绿领巾总是保持干净、整洁			
活动三			
知道两个表示时间的谚语			
能交流听故事后的感受			
能说出一分钟可以做哪些事情			
能说出珍惜时间、做事不拖拉的具体打算			

续表

评价内容	自评	互评	师评
活动四			
能说出观察最仔细的同学			
能说出介绍作息表最清楚的同学			
能在作息表中加入具体的活动内容			
能合理地制作出一张作息时间表			
在制作过程中，我能帮助同学解决问题			
我能选出制作合理的作息时间表			
活动五			
说出自己抽到或者没有抽到学号时的心情			
说出自己什么时候愉快、难过、生气、害怕			
知道不良情绪对自己的危害			
能说出不良情绪对自己的危害			
活动六			
能读懂绘本《苏菲生气了》			
能够用表情包画出自己每天的情绪			
学会两种以上调节情绪的方法			

评价标准：优秀 、良好 、一般

第八单元

我 的 爱 好

活动目标

1. 了解跳房子的过程和游戏规则。大胆自信地参与到游戏中，学会交往与合作，体会运动带来的乐趣。

2. 在体育活动中遵守游戏规则，听从老师口令。在活动中注意安全，遇到突发事情能找到相关老师解决问题。

3. 了解各种常见的运动项目，能与伙伴说说喜爱的运动。初步了解运动给身体带来的好处，清楚运动前的准备工作。

4. 在互动游戏中，掌握一些简单的观察和记忆方法。能比较熟练地运用观察和记忆方法，养成观察的习惯和独立思考的能力。

5. 了解生活中的劳动者，感知他们的劳动与人们生活的关系。了解常见的特殊职业所穿着的工作服，知道工作服与职业的关系。

评估证据

1. 民间游戏“跳房子”。

（1）能完整地向同伴复述“跳房子”的游戏规则。

（2）掌握了一些交往与合作的方法。

2. 快乐锻炼。

（1）在体育活动中遵守游戏规则。

（2）能在游戏中保证自己的安全。

3. 运动小达人。

（1）能说出常见运动项目的名称及所用器材，并能列举自己喜欢的运动项目及所需器材。

（2）能至少说出一两点运动给身体带来的好处。

（3）能说出运动前需做哪些准备工作。

4. 我是记忆超人。

（1）通过游戏，能简单了解观察和记忆的方法。

（2）认真思考课堂中的问题，能积极参与游戏活动。

5. 各行各业。

（1）能向同伴介绍父亲或母亲的职业。

（2）能列举其他职业，并说出这个职业对我们的生活的帮助。

（3）能初步了解部分职业的工作内容。

活动内容

1. 民间游戏“跳房子”

2. 快乐锻炼

3. 运动小达人

4. 我是记忆超人

5. 各行各业

活动一　民间游戏“跳房子”

知识链接

跳房子

跳房子是中国民间传统的体育游戏之一，趣味性、娱乐性极强，曾深受广大儿童的喜爱。此游戏在20世纪50年代至80年代相当普遍，许多儿童游乐场、公园和小学操场等地方都会有跳房子的位置。有时就算在一块空地上，只要有一根粉笔或树枝，小朋友亦会在地上画起“跳房子”的九个格，然后一起玩。

探究活动

1. 认识民间游戏“跳房子”。

从视频中你看到了什么呢？这个游戏的名字是什么？

◆ 我看到了______________________________。这个游戏的名字是________。

2. 介绍游戏规则。

（1）画房子：在地上画房子，房子由大小相似的格子组成，共9个格子，从下到上在每个格子里写1—9的数字。

（2）按照数字顺序可以双脚跳或者单脚跳。

（3）参加者通过猜拳决出游戏次序。

◆ 说一说：四个同学复述游戏规则，其中复述得比较好的是________同学。

3. 根据房子写序号。

◆ 请你在左图的房子里写上序号。

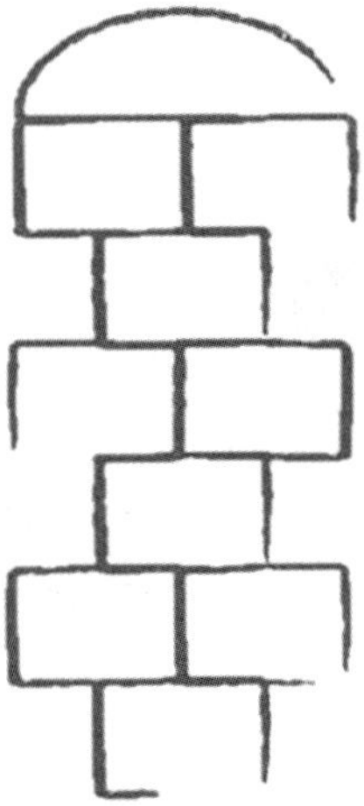

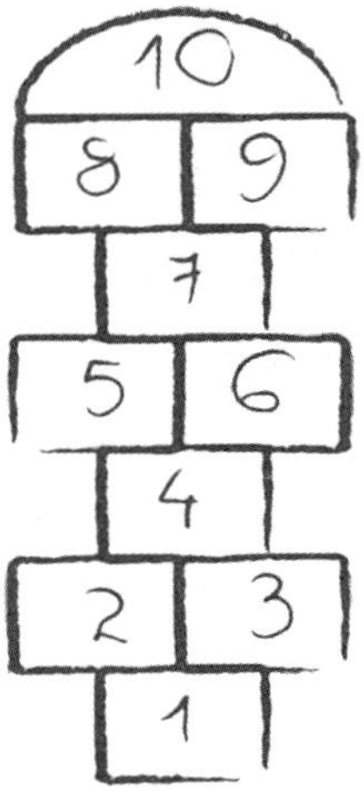

4. 四人一组玩“跳房子”游戏。

单脚跳

双脚跳

◆ 互相评价：________最遵守游戏规则。

◆ 互相评价：________跳得比较好。

活动二　快乐锻炼

知识链接

锻炼身体

锻炼是一种利用计划性的、结构性的以及重复性的肢体活动来提高一个或多个身体部位的健康状况的体力活动。体育锻炼能使身体强壮，也可培养勇敢、机智和维护集体利益等品德。

小学生正处在生长发育的关键时期，他们普遍存在体质较弱、运动技术较差的情况。不过，他们所具有的依赖性强、模仿力强、好奇心强且自我约束能力差、精神不易集中的年龄特征，使他们对于相对直观、易模仿的体育运动则兴趣较高。由此，可以在老师的带领下开展室外体育运动，走向操场，走向大自然，在阳光下锻炼身体，增强体质。

探究活动

1. 观看视频，了解跳绳的规则。

◆ 我看到跳绳时需要遵守的规则是：______________________________

____

2. 注意活动安全。

下列行为是否正确？（对的打“√”；错的打“×”）	
跳绳时，两个人可以站得很近	
由每列队长分绳子	
跳完绳后可以坐下休息	
别人跳绳时，我能在队伍中跑动	
排队时，静、齐、快	
跳完绳后，绳子可以随意甩动、拔河	

◆ 遇到突发事件，比如受伤了，我可以找________寻求帮助。

3. 进行跳绳活动。

（1）四人一组，两人跳绳时，两人数数，比一比谁最先跳完 60 个。

◆ 刚刚的比赛中，________同学最先跳完 60 个。

（2）两人一组进行双人跳练习，数一数，在不掉绳的情况下，最多能跳几个。

◆ 刚刚的练习中，我和________同学进行了双人跳练习，我们最多能跳________个双人跳。

（3）去找一个伙伴，自由进行跳绳活动。

◆ 刚才的游戏活动中，我和________同学一组，我们进行了________练习。

◆ 刚才的跳绳练习中，我给自己打☆☆☆☆☆。

活动三　运动小达人

知识链接

运动小达人

达人是指在某一领域非常专业、出类拔萃的人物，或指在某方面很精通的人，即某方面的高手。运动小达人指的就是在运动方面非常擅长的小朋友。

探究活动

1. 了解并交流熟悉的运动。

（1）说一说，图上的小朋友在做什么运动？

◆ 图上的小朋友在＿＿＿＿＿＿＿＿＿＿＿＿＿＿＿＿＿＿＿＿＿＿＿。

（2）小朋友在运动中分别用到了什么运动器材？请你在 4 张图片中选一张说一说。

◆ 第＿＿＿＿幅图上的小朋友用到的器材是＿＿＿＿＿＿＿＿＿＿＿＿＿＿。

2. 你还熟悉哪些运动项目，它们需要用到什么运动器材？

（1）我熟悉的运动项目是＿＿＿＿，需要用到的运动器材是＿＿＿＿＿＿＿。

（2）我最喜欢＿＿＿＿运动，因为＿＿＿＿＿＿＿＿＿＿＿＿＿＿＿＿＿＿＿。

3. 看图说说运动带来的好处有哪些。

（1）自己看图说一说。

◆ 我觉得________运动可以让我________________________________。

（2）同伴交流。

◆ ________同学觉得________运动可以让他________________________。

4. 小组或同桌讨论：运动时要注意些什么？

（如：时间，气候，运动前要做热身运动，要穿合适的运动服等。）

例：我喜欢的运动是打羽毛球。我需要进行手臂、腰部、压腿热身运动。

我喜欢的运动是________。我要____

____热身运动。

活动四 我是记忆超人

知识链接

记忆力

记忆力是什么？科学家认为记忆力可分为短期记忆力、中期记忆力和长期记忆力。短期记忆力的实质是大脑的即时生理生化反应的重复，而中期和长期的记忆力则是大脑细胞内发生了结构改变，建立了固定联系。比如怎样骑自行车就是长期记忆，即使已多年不骑了，仍能骑上车就跑。中期记忆是不牢固的细胞结构改变，只有曲不离口、拳不离手，反复加以巩固，才会变成长期记忆力。短期记忆力是数量最多又最不牢固的记忆。一个人每天只将1%的记忆保留下来。

探究活动

1. 乒乓球哪里去了。

（1）把一个乒乓球扣在一只纸杯下面，再增加两个空纸杯，然后进行无规则的三次移动。停下后，说说乒乓球在哪一个纸杯下。

（2）增加移动次数，继续游戏。

（3）请学生来操作移动，继续游戏。

（4）根据游戏情况圈出“√”或者“×”。

◆ 我找到了乒乓球在哪里。（√　×）

◆ 我上讲台当了一回魔术师。（√　×）

2. 衣服的颜色。

（1）同桌两人互相观察。

（2）闭眼描述对方衣服的颜色或者其他特征。

（活动时也可以请同学进一步说说，除颜色之外的衣服特征。此外，游戏还可以扩展到观察其他事物的特征，要求也可由粗到细。）

◆ 你的眼睛够亮吗？

请你用彩笔给对方的衣服涂上颜色	请你写出对方衣服的其他特征

3. 拷贝剪刀石头布。

（1）请两个学生以三局两胜的规则玩石头剪刀布的游戏，其余学生观看。

（2）请两位学生再现比赛过程。

（3）请一位学生用左右手再现比赛过程。

（4）请单独展示的学生说说自己记住完整的比赛过程的好方法。

（5）学生各自完成学习单第三题。

◆ 用△表示石头，V 表示剪刀，○表示布，记下你玩的两次石头剪刀布游戏。在胜的人下面打个“√”。

① 我（　　）他（　　）

② 我（　　）他（　　）

活动五 各行各业

知识链接

职　业

职业，即个人所从事的服务于社会并作为主要生活来源的工作。

根据中国职业规划师协会定义：职业包含十个方向（生产、加工、制造、服务、娱乐、政治、科研、教育、农业、管理）。

细化分类有90多个常见职业，如工人、农民、个体商人、公共服务、知识分子、管理、军人，等等。

探究活动

1. 父母工作我知道。

（1）教师简要介绍自己父母或家人的工作情况。

（2）学生出示父母的照片，介绍父母及父母的工作情况。

◆ 这是我的__________，他/她是一名______________________________。

2. 你还知道哪些职业？

（1）画面上有许多叔叔阿姨，他们是干什么工作的？

◆ 这位叔叔/阿姨是______________________________________。

（2）叔叔阿姨的工作给我们的生活带来了哪些方便？

◆ 叔叔阿姨的工作给我们____________________________________。

◆ 如果没有叔叔阿姨的劳动，我们的生活将会__________________________。

3. 不同职业有不同的工作服。

（1）看图片，你知道他们是做什么工作的吗？

（2）你从哪里看出来他们是做这个工作的？

（3）除了他们，还有哪些工作场所穿的工作服很特别？

4. 了解医生、消防员和警察的工作服。

（1）他们的工作服有什么特别的地方？

医生 / 消防员 / 警察的工作服特别之处在于______________________________。

（2）为什么他们要穿这样的工作服？

他们穿这样的工作服可以______________________________________。

不同职业有不同的工作服，不同功能的工作服可以方便人们区分不同的职业。一些特殊职业的工作服不是随便设计的，还具有保护的功能。

◆ 请你连一连。

挽救生命、以治病为业的人

维护国家安全和社会治安秩序

从事建筑工作的工人

指挥、操纵或搭乘航天器的人员

消灭火灾及救护服务

烹制菜点为主要工作内容的人

活动评价表

评价内容	自评	互评	师评
活动一			
能说出“跳房子”的名字			
能在房子里写上序号			
能评价某个同学最遵守游戏规则			
能评价某个同学跳得最好			
活动二			
能说出跳绳时需要遵守的规则			
能判断活动时的行为是否正确			
能说出遇到突发事件可以向谁求助			
能给自己的跳绳练习评价			
活动三			
能说出图上的人做的运动和使用的器材			
能说出自己熟悉的运动项目和使用的器材			
能说出自己喜欢的运动和理由			
能说出某项运动带来的好处			
能说出自己喜欢的运动和需要做的热身运动			
活动四			
能说出对方衣服的颜色			
能说出对方衣服的其他特征			

续表

评价内容	自评	互评	师评
活动五			
能说出自己家人的职业			
能说出图片上的人从事的工作，以及他们的工作给我们的生活带来的便利			
能说出不同工作服的特别之处			
能正确连线配对			

评价标准：优秀，良好，一般

第九单元

我 爱 表 达

活动目标

1. 能介绍自己喜欢的东西并说明理由，把自己喜欢的东西同他人分享。

2. 能说出自己最不喜欢的一句话或者是一种行为，知道说话时的一些礼貌用语，了解一些生活上的行为习惯。能制作一张提醒学生行为习惯的海报。

3. 能发掘自身的才艺特长，借助才艺展示秀，表达自我，增强自信心，同时增进对同学的了解。能选出自己喜欢的才艺，提高审美意识，明确展示自我时要自信大方。

4. 能将已学的学科知识与生活相联系，说出图片中具体地点，培养日常观察的初步意识。

5. 认识和了解自己以及他人的兴趣特长，接纳、欣赏同伴的优点和长处，从他人身上取长补短，树立自信。锻炼相互学习和合作的能力。

6. 认识和了解自己以及他人的兴趣特长，通过特长展示与交流，感受自己的长处与学习潜力，树立自信并从他人特长中取长补短。

评估证据

1. 我最喜欢的东西。

（1）能用上“我喜欢……因为……”的句式说出喜欢一样东西的理由。

（2）能给同伴介绍喜欢的东西。

2. 我最不喜欢的东西。

（1）能大胆说出自己最不喜欢的来自同伴的一句话或者是一种行为。

（2）知道说话时的一些礼貌用语，了解一些生活上良好的行为习惯。

（3）能够制作一张提醒学生行为习惯的海报。

3. 小小展示秀。

（1）能把自己的才艺准确地填写到车票上。

（2）能在同学面前展示自己的才艺。

（3）能选出自己喜欢的才艺。

（4）能说出美的理由。

4. 超级帮帮帮。

（1）能将已学的学科知识与生活相联系。

（2）能通过观察，说出学校场景的主要功能。

5. 我型我秀（一）。

（1）能积极参与活动，说出自己和他人的优点或长处。

（2）能在班级前自信大胆地展示自己的才艺。

（3）能与同伴讨论积极，乐意分享。

6. 我型我秀（二）。

（1）能积极参与活动“画一画”，画出自己擅长的才艺。

（2）能积极猜测别人擅长的才艺。

（3）能在班级同学前自信大胆地展示自己的才艺。

活动内容

1. 我最喜欢的东西
2. 我最不喜欢的东西
3. 小小展示秀
4. 超级帮帮帮
5. 我型我秀（一）
6. 我型我秀（二）

活动一　我最喜欢的东西

知识链接

个人兴趣

个人兴趣是指“个人”对特定的“事物”、“活动”以及“人为对象”所产生的喜欢的想法。每个孩子都有他们特别喜欢的东西，无论孩子喜欢什么，那都是他们个人的权利。从心理学的角度讲，这种喜欢、爱好能使孩子的情绪有所寄托，使他们感到踏实、安定。因此，一定要尊重他们的兴趣。

探究活动

1. 听儿歌《我最喜欢》。

我最喜欢拍拍手，拍拍手，拍拍手。
我最喜欢拍拍手，拍！拍！拍！
我最喜欢踏踏脚，踏踏脚，踏踏脚。
我最喜欢踏踏脚，踏！踏！踏！
我最喜欢刷刷牙，刷刷牙，刷刷牙。
我最喜欢刷刷牙，刷！刷！刷！
我最喜欢跳跳舞，跳跳舞，跳跳舞。
我最喜欢跳跳舞，跳！跳！跳！

◆ 在听歌曲的过程中，歌曲里的小朋友最喜欢做什么？

____

2. 说一说自己最喜欢的东西。

我最喜欢________，因为____。

我同桌最喜欢________，因为____________________________________。

3. 分享交流。

（1）我最喜欢这本书，书的名字是__________，作者是______________________。

（2）我给大家讲讲印象最深的一段。

____

____

（3）画一画自己喜欢的小动物或者水果。

（4）自己唱一唱喜欢的歌曲，或者和其他小朋友一起唱一首歌曲。

活动二　我最不喜欢的东西

知识链接

礼貌用语

礼貌用语是指在语言交流中使用具有尊重与友好的词语。礼貌用语是尊重他人的具体表现，是友好关系的敲门砖。俗话说：“良言一句三冬暖，恶语伤人六月寒。”礼貌用语就属于良言之列。礼貌用语在公关活动中起着非常重要的作用。礼貌待人，使用礼貌语言，是我们中华民族的优良传统。

探究活动

1. 连一连，读一读。

	当别人帮助了你，你会说　　不客气 当你需要别人帮助你会说　　谢谢 当你犯了错误，你要说　　请 当被人感谢你时，你可以说　　对不起 当别人向你道歉时，你可以说　　没关系	
	小学生，有礼貌， 文明用语要记牢： “谢谢，再见，对不起”， 求人“请”字别忘掉。 见到长辈问“您好”， 态度和气面带笑。	

2. 图中哪些行为是错误的？在图片下面的括号中用“×”表示。

（　　）	（　　）	（　　）

3. 同桌的选择与我是否相同？

4. 请你制作一张小海报，提醒学生讲礼貌，注意行为习惯。

海报，是一种宣传方式。旧时，海报是用于戏剧、电影等演出活动的招贴。海报上有剧目演出信息，具有宣传性，能招徕顾客。

◆ 评一评：我最喜欢________同学的小海报。

活动三　小小展示秀

知识链接

才艺展示

才艺展示也叫艺术特长展示，是指在艺术的范围内，经过较多学习与练习，所精通或者达到一定高度的技巧和能力，在有限的时间内进行充分的表现。它对于小朋友来说，提供了一个自我展示的平台。通过才艺展示，小朋友们能在表达自我的同时，增强自信心。同时也能增进对同学的了解。

探究活动

1. 填写魔法车票。

火车票

________小学站——MF001次——►魔法学院站

班级________姓名________学号________

我的特长是________________________________

2. 拿着车票四人一组玩开火车游戏。

游戏规则：

（1）开始之前，每个人说个地名，代表自己，但地点不能重复。

（2）游戏开始后，假设你来自北京，另一个人来自上海，你就要说：“北京的火车就要开。”大家一起问：“往哪开？”你说：“上海开。”代表上海的人就要立马反应过来：“上海的火车就要开。”然后大家一起问：“往哪开？”再由这个人选择另外的游戏对象，说：“往 × × 地方开。”如果对方稍有迟疑，没有反应过来就输了。

游戏中________同学表现得最积极，________同学表现得很灵敏。

3. 击鼓传花，向同伴介绍自己的才艺。

游戏规则：数人或几十人围成圆圈坐下，其中一人拿一块橡皮；另有一人背着黑板，蒙眼敲黑板，声响时众人开始依次传橡皮，至敲击声音停止为止。此时橡皮在谁手中，谁就上台介绍自己的才艺。如果第二次拿到橡皮，请他推荐另外一名小朋友，或者自己唱一首歌。

我最擅长________________________。

________同学擅长________________________，被拿到两次橡皮的同学是____________________。

4. 才艺展示秀。

◆ 我今天要表演的是____________________。

◆ 我最喜欢________同学的表演，因为____。

活动四 超级帮帮帮

知识链接

知 识

知识对于小朋友来说，是他们从各个途径中获得的、经过提升总结与凝练的认识。知识既来自书本，也来自生活。学习知识不等于收集知识，囤积知识而不消化吸收成为自己的能力，等于是浪费。大多数的小朋友对于学习到的知识不太会运用，这就需要我们创设情境，引导小朋友学会使用这些知识。

探究活动

1. 连一连：

白日依山尽	飞在青云端
过江千尺浪	后人乘凉
天苍苍，野茫茫	入竹万竿斜
夜来风雨声	能开二月花
前人栽树	黄河入海流
解落三秋叶	粒粒皆辛苦
谁知盘中餐	风吹草低见牛羊
又疑瑶台镜	花落知多少

2. 帮妈妈算账。

类 别	内 容	共 计
水 果	苹果 8 元，香蕉 6 元，草莓 13 元	
蔬 菜	青菜 3 元，萝卜 9 元，冬瓜 4 元，玉米 8 元	
日用品	毛巾 17 元，肥皂 4 元	

妈妈今天一共花了________元。

3. 我是“指路员”。

◆ 这些是什么地方？

这些是：____________________________

◆ 我是从____________（参照物）看出来的。

4. 如果客人或外校老师要从校门口去综合楼三楼会议室，你能为他从校门口开始指路吗？请画一画。

活动五　我型我秀（一）

知识链接

优　点

优点是指人的长处，与缺点相对。二年级的小朋友能大致了解自己的优点，也比较善于发现同伴的优点。不过相比优点，小朋友不太容易发现自己的缺点。小朋友要更好地了解自己，要从他人身上取长补短，树立自信。

探究活动

1. 看图说意思。

◆ 图片上的小朋友在________________________________。

2. 播放视频：《大头儿子小头爸爸》。

◆ 视频中的一家人在______________________________。

3. 开火车，快速说出自己三个优点：

◆ 我的优点是__________、__________和________________。

4. 说出他人身上的优点：

◆ 选择旁边或前后的同伴，说说他身上的优点。

◆ 我觉得自己在______________________地方存在不足之处。

◆ 如果别人身上具有我们没有的优点，应该________________。

◆ 我从他人身上学到的优点有______________________。

活动六 我型我秀（二）

知识链接

才 艺

才艺是指一个人在艺术方面的才能、技艺。才艺需要经过长时间的练习，才能达到一定的高度。同伴之间的展示与交流，能让孩子们了解自己的长处与他人的长处，树立起自信，并取长补短。

探究活动

1. 儿童才艺表演《细雨轻轻飘》。

◆ 视频里的小朋友们在________________________________。

◆ 你觉得他们表演得________________________________。

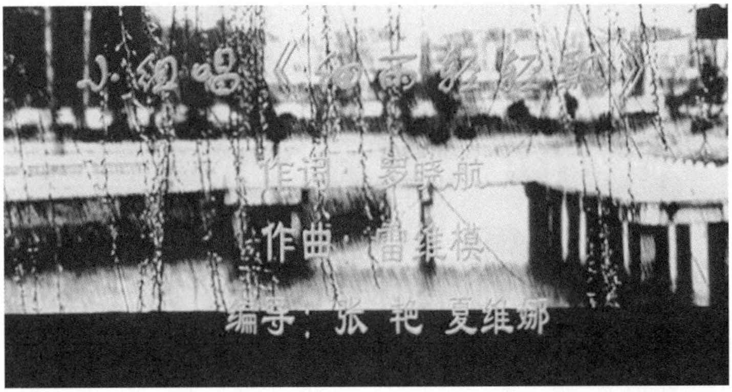

2. 你画我猜。

游戏规则：

从小朋友中选一个有一定绘画创作基础的，让他想一种才艺，并画出来，其他小朋友根据图画来猜测画面上画的是一种什么才艺。

◆ 他画的才艺是______________________。

◆ 我对________________的才艺很感兴趣。

3. 演一演。

◆ 表演并观看才艺。

◆ 我最喜欢的才艺是__________________。

◆ 同桌最喜欢的才艺是________________。

4. 请你画一画你最想学的一项才艺。

5. 找一找，说一说。

你在学才艺时，有遇到什么有趣的故事吗？或者你有听过同伴学才艺时特别的经历吗？请你说一说。

活动评价表

评价内容	自评	互评	师评
活动一			
能说出歌曲中的小朋友最喜欢做什么			
能说出我最喜欢的东西并说出理由			
能说出最喜欢书的书名和作者			
能讲出印象最深刻的一段内容			
能画出自己喜欢的小动物或者水果			
能唱出自己喜欢的歌曲			
活动二			
能准确连一连，读一读			
能说出图中哪些行为是错误的			
能制作一张讲礼貌的小海报			
能评价一位同学的小海报			
活动三			
能填写魔法车票			
玩开火车游戏能遵守规则			
能评价游戏中表现最积极的同学			
玩击鼓传花游戏能遵守规则			
能说出自己最擅长的才艺并表演			
活动四			
能准确连一连			
能准确地帮妈妈算账			
能准确说出自己所处的是什么地方			
能画出从校门口去综合楼三楼的路线图			

续表

评价内容	自评	互评	师评
活动五			
能说出图片上的小朋友在做什么			
能说出视频中的一家人在做什么			
能说出自己的三个优点			
能选出一位同伴并说出他的优点			
能说出自己的不足之处			
能说出自己想从他人身上学到什么优点			
活动六			
能说出视频里的小朋友在做什么			
能对视频中小朋友的表现作出评价			
能说出小朋友画的才艺是什么			
能说出自己最喜欢的才艺是什么			
能了解同桌最喜欢的才艺是什么			
能画出自己最想学的一项才艺			
能说出自己或听到他人学才艺的经历			

评价标准：优秀、良好、一般

第十单元

感受民间艺术

活动目标

1. 能有序参观花灯室，遵守公共空间的基本行为规范；知道花灯的用途和种类，感受其造型与色彩的特点，尝试用线条、形状和色彩表现最喜爱的花灯。

2. 了解荷花灯的寓意，知道荷花灯的组成部分；能合理使用工具和材料，乐于展示作品，逐步提高评述能力；能用简单的语言表达活动过程中的感受。

3. 能识读花灯童谣，找到童谣里的花灯种类，选择合适的装饰方法，制作花灯道具；学习用语言、道具、肢体动作等形式表演吟诵花灯童谣。

4. 认识金山农民画，尝试为农民画线稿涂色，发展艺术感知能力；能根据标准，评价自己与同伴的作品，提高欣赏能力。

5. 欣赏、认识金山农民画的名家名作，创作金山农民画；能介绍自己的作品与评价同伴的作品，逐步提高评述能力，初步形成审美判断能力。

评估证据

1. 认识花灯室。

（1）能安静、有序地参观花灯室。

（2）能说出花灯的用途、种类。

（3）能说出花灯的造型。

（4）能用线条、形状和色彩表现最喜爱的花灯。

（5）能找到与自己喜欢同一盏花灯的同学。

2. 纸花灯初体验。

（1）能说出荷花灯的寓意。

（2）能说出荷花灯的组成部分。

（3）能根据步骤图，制作荷花花瓣。

（4）能以小组合作的方式，体验制作荷花灯。

（5）乐于展示作品，能用简单的语言评价同伴的作品。
（6）能用简单的语言表达活动过程中的感受。
3. 花灯童谣。
（1）能互相帮助，识读花灯童谣。
（2）能找到童谣里的花灯种类。
（3）能选择合适的装饰方法，小组合作，制作花灯道具。
（4）小组成员能合理分配任务，有序开展排练活动。
（5）能以小组为单位，用语言、道具、肢体动作等形式表演花灯童谣。
4. 走近金山农民画。
（1）能说出金山农民画的相关知识（如起始时间、发源地、特征、著名画家等）。
（2）能区分金山农民画与其他作品。
（3）能分辨类似色与对比色。
（4）能为金山农民画线稿涂色。
（5）能根据要求，评价自己与同伴的作品。
5. 金山农民画小达人。
（1）能说出 1 ～ 2 位金山农民画家的姓名及其作品名称。
（2）能用简单的语言表述对金山农民画作品的感受。
（3）能说出喜欢张新英的哪幅作品，并表述理由。
（4）能模仿张新英的作品创作一幅农民画线稿。
（5）能模仿张新英的用色特点，根据线稿的主题，完成涂色。
（6）能根据模板，用简单的语言介绍自己的作品。
（7）能根据评价标准，客观地评价同伴的作品。

活动内容

1. 认识花灯室
2. 纸花灯初体验
3. 花灯童谣
4. 走近金山农民画
5. 金山农民画小达人

活动一 认识花灯室

知识链接

花 灯

花灯，又名灯笼。花灯是起源于中国的一种传统民间工艺品，在古代，其主要作用是照明。花灯是由纸或者绢作为灯笼的外皮，骨架通常使用竹或木条制作，中间放上蜡烛或者灯泡，成为照明工具。受中华文化影响，在亚洲华人地区，许多国家的庙宇中，花灯也是相当常见的物品。花灯兼具生活功能与娱乐功能，现代社会多于元宵、新春佳节悬挂，为节日增光添彩，祈求平安。

探究活动

1. 走进花灯室。

小朋友们，参观花灯室时我们需要遵守规则，那么以下哪些行为是正确的，哪些行为是错误的？请用“√”或“×”表示。

（1）排队时要静、齐、快。 （　　）

（2）有序参观、认真倾听。 （　　）

（3）参观时随意插嘴、大声喧哗。 （　　）

（4）参观时随意用手触摸花灯。 （　　）

2. 花灯初认识。

现在，我们来到了朱泾二小花灯探究区，请遵守参观规则，跟随老师一起来看看吧！参观后，请完成下列几个问题。

◆ 花灯最早的用途是____。

◆ 花灯的种类有____。

◆ 介绍的最后一种花灯类型是______________________________________。

3. 我最喜爱的花灯。

◆ 刚才我们已经参观了朱泾二小花灯探究区，说一说你看到了哪些造型的花灯。

____

◆ 选择你最喜爱的一盏花灯，用彩笔将它的造型画在下面的方框中。

◆ 说一说你喜欢这盏花灯的理由。

____

____

4. 找朋友。

小朋友，找一找，班级里有哪些同学和你喜欢同样的花灯呢？和他们交个朋友吧！

我找到了________位同学和我喜欢同一盏花灯，他们是____________________

____。

活动二　纸花灯初体验

知识链接

荷花灯

“荷花灯”也叫河灯，一般是在底座上放灯盏或蜡烛。过去，放河灯是一种传统习俗，寄托着对亲人们的思念与祝福。病愈的人及亲属制作河灯投放，表示送走疾病灾祸。随着时代变迁，如今，许多年轻人、小孩更多的是将放河灯作为一种乐趣和休闲方式。

放河灯是每年朱泾花灯节的传统项目之一，以节为媒、以文会友，通过举办放河灯传统民俗活动，展现朱泾美丽的自然景观，弘扬传统民俗文化，留住美丽乡愁。

探究活动

1. 认识荷花灯。

◆ 仔细阅读知识链接中的文字，说一说荷花灯的寓意。

◆ 小朋友们，仔细观察荷花灯，说一说荷花灯由哪些部分构成。

荷花灯是由________和________两部分组成的。

2. 制作荷花灯。

（1）试一试。

根据步骤图，折叠彩纸，制作一片荷花花瓣。

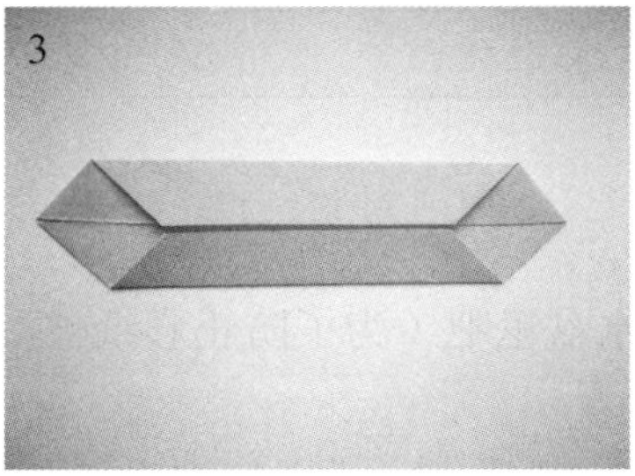

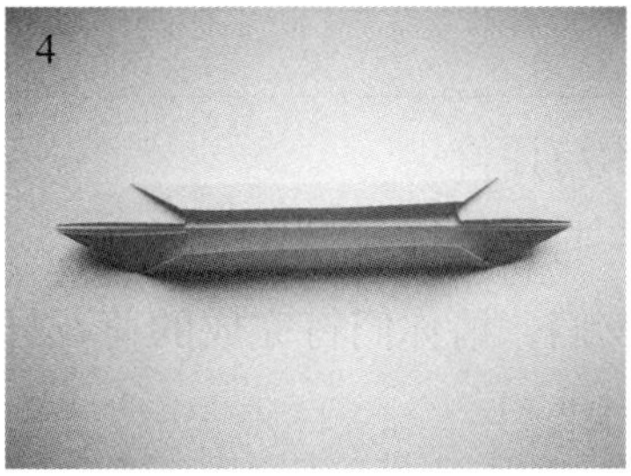

我们小组最快完成的同学是____________。能在 5 分钟内完成挑战的同学有：

____

（2）拼一拼。

小组四人以同样的方式，折叠 16 张彩纸，根据步骤图，将折好的彩纸按同一方向叠在一起，用橡皮筋扎起来，然后轻轻地将彩纸打开，并一一翻起来，调整后完成荷花灯。

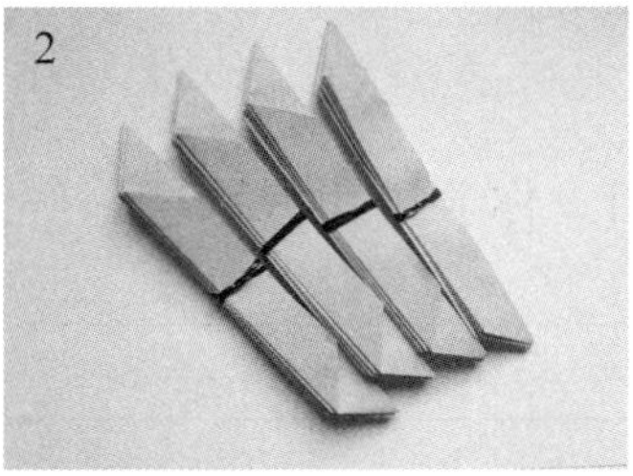

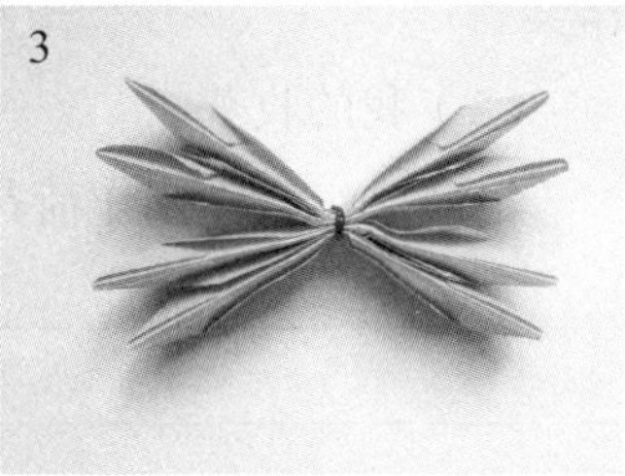

（3）说一说。

在制作荷花灯的过程中，遇到了哪些困难？你们小组是如何解决的？

____

____

3. 展示与评价。

（1）一起放花灯。

小朋友们，请你们将完成的荷花灯放在水盆里吧（为了防止彩纸被浸湿，可以垫一张塑料纸）！

（2）我来评一评。

◆ 我觉得我们小组制作的荷花灯____。（可以从折叠正确、造型美观等方面进行评价）

◆ 用小红花贴纸为你喜欢的荷花灯投票。

我觉得第________组制作的荷花灯最好，因为____。

◆ 获得票数最多的是第________组制作的荷花灯，恭喜他们赢得了“最佳制作奖”。

（3）我的收获。

通过小组合作制作荷花灯，你学到了什么？

____

____

活动三 花灯童谣

知识链接

童 谣

童谣反映的是孩子最单纯、最开心的童年游戏生活。童谣是属于孩子们的独一无二的文学体裁。读童谣、画童谣，可让孩子的形象思维得到进一步的发展，能拉近文字与绘画的距离，激发儿童对绘画表现题材的兴趣。

童谣的内容选择有三个基准点：贴近生活和自然，内容浅显，思想单纯。童谣的特点是想象丰富，富有情趣；篇幅简短，结构单一；语言活泼，朗朗上口。

探究活动

1. 识读花灯童谣。

（1）小朋友们，仔细阅读材料（共4篇，见附件一），识读花灯童谣，把不认识的字圈出来。

（2）同桌之间互相朗读，帮助纠正，通读整首童谣。

◆ 我有________个字不认识，同桌帮助我认识了________个字。

◆ 在同伴与老师的帮助下，为不认识的生字标注拼音。

（3）认真倾听四位同学朗读花灯童谣。

我觉得朗读得最好的是________（同学），因为____。

2. 制作花灯道具。

（1）小朋友们，请根据阅读材料的编号安静、有序地进行分组，共分四组。

（2）你们小组的花灯童谣里提到了________种花灯，分别是____。

（3）仔细观察下面图片，我发现花灯的装饰方法是________________________。

我知道的装饰方法还有____。

（4）小组合作，采用一种装饰方法，加工、制作 2 ～ 3 盏童谣里提到的花灯。

3. 小组排练。

（1）将小组的分工信息填写在下面的表格中。

任务		组员（填写学号）
题目		全体同学
朗诵	第 1 句	
表演		
谢幕		全体同学

（2）分组排练，要求声音响亮，朗读正确、流利，利用道具适当添加肢体动作。

4. 展演与评价。

◆ 以小组为单位，依次进行展示表演。

展演要求：声音响亮，朗读正确、流利，可适当添加肢体动作。

欣赏要求：认真倾听、欣赏。

◆ 在表演过程中，我觉得第________组表现得最出色，因为____。

◆ 在表演过程中，我觉得第________组欣赏得最认真。

活动四 走近金山农民画

知识链接

金山农民画

金山农民画是上海金山的民间传统艺术之一，发起于20世纪70年代，包括灶头画、剪纸漆绘、民间玩具、泥塑和石刻等。金山农民画以浪漫主义的想象力，大胆地进行艺术夸张，构思新颖，色彩明快，造型稚拙，具有江南水乡的独特风韵。

金山农民画是在江南民间艺术土壤中滋生出来的一棵新苗。它是以江南乡土艺术为养料，合着生活的脉搏，集众人之智慧，发人本之创造，在辅导老师的开掘、专家的帮助、领导的关心和支持下创立的中国现代民间绘画的新风格，受到中外专家们的肯定和广大观众的厚爱。

探究活动

1. 金山农民画知多少。

（1）小朋友们，请仔细阅读知识链接和以下资料。

上海文史研究馆馆员吴彤章是金山农民画的开拓者与造就者。金山农民画构思新颖、色彩明快、造型稚拙，具有江南水乡的独特风韵。20世纪80年代，金山农民画日趋成熟，首次赴比利时布鲁塞尔国际博览会展出，自此，金山农民画先后赴欧、美、亚、大洋洲等地区的17个国家展出交流，计2 700多幅作品。1989年成立了金山农民画院。几十年来，涌现了一大批优秀的金山农民画家，如阮四娣、张新英、陆永忠等。

（2）在资料中，找到以下问题的正确答案，并将答案写在横线上。

◆ 金山农民画的起始时间：________________

◆ 金山农民画的发源地：________________

◆ 金山农民画的特征：________________

◆ 除了资料中提到的，我知道的金山农民画家还有：________________

（3）找一找，下列哪幅作品是金山农民画？（　　）

A. 

B. 

C. 

D. 

2. 我为农民画来涂色。

（1）色彩小知识。

◆ 以下哪组色彩是类似色？（　　）

A. 蓝色和黄色　B. 红色和绿色　C. 深绿和浅绿　D. 黄色和紫色

◆ 以下哪组色彩是对比色？（　　）

A. 蓝色和橙色　B. 红色和黄色　C. 浅绿和深绿　D. 黄色和蓝色

（2）涂色我最行。

小朋友们，请根据金山农民画的色彩特点，为这幅线描作品涂上颜色。

3. 我来评一评。

（1）根据评价标准，为自己和同桌的作品打“☆”。

评价内容	自评	互评
色彩明快	☆☆☆☆	☆☆☆☆
对比强烈	☆☆☆☆	☆☆☆☆
涂色均匀	☆☆☆☆	☆☆☆☆

评价标准：优秀 ★★★★　良好 ★★★　一般 ★★

我的总得星数是________，我同桌的总得星数是________。

（2）我觉得涂色最好的是____________（同学），因为______________________

____。

活动五　金山农民画小达人

知识链接

金山农民画院

蜚声中外的金山农民画院，坐落在上海市西南风景秀丽的江南古镇——金山朱泾镇内，于1989年1月成立，隶属于区文广局。历任院长：吴彤章、夏猛飞、周建青、怀明富。现任院长庄志强，副院长朱希（油画）。现有专职及外聘画家阮四娣、张新英、陈芙蓉、曹金英、陆永忠、张婉英等共88人。画院面积2 729.35平方米，是从事民间艺术创作，又是集辅导、展览、销售于一体的窗口，同时也是农民画家们切磋技艺、互相交流的场所。

探究活动

1. 金山农民画的名家名作。

（1）小朋友们，请认真欣赏金山农民画相关视频，并回答以下问题。

◆ 说出1～2位金山农民画家的姓名及其作品名称。

____

◆ 现有金山农民画家多少人？______________________________

◆ 说一说你对金山农民画作品的感受。

____

（2）认识金山农民画家张新英。

◆ 文字资料

张新英，幼年在农村长大，19岁进上海太平洋制造厂工作。1980年退休后迁居金山县参加金山农民画创作活动。1986 年加入上海美术家协会，1996 年被授予“一级民间工艺美术家”称号，2006 年被授予“金山农民画画师”称号，2016 年被命名为金山农民画艺术“非遗”传承人。有 60 多幅作品被中国美术馆民间美术部、中国画研究院、上海美术馆、浙江省美术馆、日本宫城教育大学、荷兰皇家艺术学院等机构收藏。2014 年 5 月，其画作《夕阳下》在联合国总部展出，并被联合国收藏。

◆ 作品图片资料

◆ 交流感受

这些作品给你的感受是________________________________。

你更喜欢哪幅作品？（用左上、左下、中上、中下、右上、右下表示）

____

我同桌喜欢的作品是________，因为________________________。

2. 达人挑战赛（一）。

小朋友们，请你们在 6 幅张新英的农民画作品（见附件二）中，选择最喜欢的一幅，模仿其造型和构图特点，用铅笔在下面的方框中创作一幅农民画线稿。

知识链接

金山农民画村

金山农民画村位于上海市金山区枫泾镇中洪村，该村北与青浦练塘接壤，东与松江新浜相连，西与浙江嘉善相邻，是“中国历史文化名镇”——枫泾镇的一个行政村，是集农民画研究、创作、展示、收藏、流通、认证于一体并具有江南农村风

貌的旅游风景区。金山农民画村是金山农民画的发源地之一，具有深厚的文化底蕴，已被评为“中国特色村”和“中国十大魅力乡村”。金山农民画村有金山农民画展示厅、农民画家庭、游客接待中心、灶头屋里、乡村嘉年华等景点。

探究活动

1. 认真观察、欣赏张新英的农民画作品（见附件二），说一说张新英作品的色彩特点。

____

2. 达人挑战赛（二）。

◆ 根据上一次探究活动完成的农民画线稿的主题，说一说你想选择哪些颜色来进行涂色。

我想选择的颜色有________________________________。

◆ 现在，请你模仿张新英的用色特点，用彩笔完成农民画线稿的涂色。

3. 展示与评价。

（1）参考以下模板，用简单的语言介绍自己的作品。

大家好，我是____________（姓名），

我的作品名字叫____________，

我模仿的是张新英老师的第______幅作品，

我画的内容是________________________________，

我用到了________________________________这些颜色。

我的介绍就到这里，谢谢大家！

（2）根据评价标准，选出金山农民画小达人。

评价标准：◆ 农民画作品造型简洁夸张，色彩协调。

◆ 介绍声音响亮，语言流畅，内容清晰。

我觉得______（同学）的表现最好，因为________________________

____。

活动评价表

评价内容	自评	互评	师评
活动一			
能判断正确的参观规则			
能安静、有序地参观花灯室			
能说出花灯的用途、种类			
能说出花灯的造型			
能用线条、形状和色彩表现喜爱的花灯			
能用简单的语言说出喜爱的理由			
能找到和你喜欢同样花灯的同学			
活动二			
能说出荷花灯的寓意			
能说出荷花灯的组成部分			
能折制一片荷花花瓣			
能小组合作，体验制作荷花灯			
能大胆展示荷花灯			
能客观地评价自己与同伴的作品			
能用简单的语言表述制作过程中的感受			
活动三			
能识读花灯童谣			
能说出朗读最好的同学并说出理由			
能找到童谣里的花灯种类			
能说出花灯的装饰方法			
能小组合作，加工、制作花灯道具			

续表

评价内容	自评	互评	师评
能合理分工，有序开展排练			
能正确、流利地诵读童谣，并利用道具配上合适的动作			
能认真欣赏其他小组的展演			
能根据要求，客观地评价自己与同伴的表现			
活动四			
能说出金山农民画的起始时间和发源地			
能说出金山农民画的特征			
能按要求说出金山农民画家的名字			
能区分金山农民画与其他作品			
能分辨类似色与对比色			
能为金山农民画线稿涂色			
能根据要求，为自己与同桌的作品打“☆”			
能用简单的语言评述作品			
活动五			
能说出 1 ～ 2 位金山农民画家的姓名及其作品名称			
能用简单的语言表述对金山农民画作品的感受			
能说出喜欢张新英某幅作品的理由			
能模仿张新英的作品，创作一幅农民画线稿			
能说出张新英作品的色彩特点			
能根据农民画线稿的主题，选择合适的颜色			
能模仿张新英的用色特点，完成涂色			
能根据模板，简单介绍自己的作品			
能客观地评价同伴的作品			

评价标准：优秀、良好、一般

附件一：花灯童谣阅读材料

1. 小花灯

正月十五月儿明，妈妈领我去看灯。
大宫灯，红彤彤，走马灯，转不停。
金鱼灯，摇尾巴，孔雀灯，开彩屏，
金灯银灯五彩灯，一盏一盏数不清。

2. 闹元宵

元宵节，真热闹。
看花灯，吃圆子。
小牛灯，哞哞哞。
小狗灯，汪汪汪。
小龙灯，飞的高。
小兔灯，跑得快。

3. 花灯谣

好姥姥，手儿巧，做花灯，闹元宵。
西瓜灯，小兔灯，金鱼灯儿尾巴摇。
飞机灯，给宝宝，火箭灯，给浩浩。
宝宝乐，浩浩笑，一同鞠躬谢姥姥。
元宵节，闹花灯，人们个个都欢腾。

4. 元宵灯

元宵灯，真热闹，
看花灯，吃元宵。
飞机灯，飞得高，
兔子灯，拉得跑，
小朋友们拍手笑！

附件二：农民画作品资料

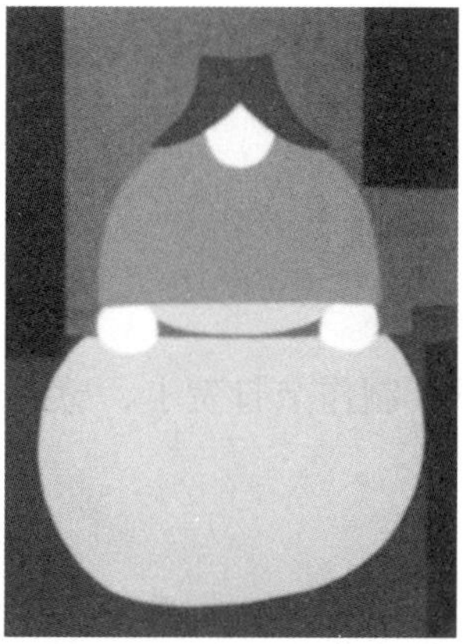

1

2

3

4

5

6

第十一单元

我 爱 我 家

活动目标

1. 制作家庭成员小档案，进一步加深对于家人的了解。

2. 了解父亲节和母亲节的由来，交流与父母之间的故事，制作节日贺卡，感恩父母亲情。

3. 在家进行劳动，感恩家人的付出。

4. 为家人做一件事，增进亲情，学会承担责任。

5. 买菜，了解斤两和人民币的概念，会计算总价，初步学会提取信息、观察和思考。

评估证据

1. 能正确写出家庭成员的称呼和基本情况，会讲述和家人之间的故事，仔细观察家人，画出家人的肖像画，增进对家人的了解。

2. 能了解父亲节和母亲节，能交流分享与父母之间难忘的故事，学会制作节日贺卡。

3. 知道家庭中的家务活动，能在家做力所能及的家务。

4. 能具体为家人做一件事，学会承担责任。

5. 能正确填写记账单上的日期、菜价等信息，对重量单位和人民币之间的运算有初步的了解，会计算菜品的金额。

活动内容

1. 家庭成员小档案
2. 我的爸爸和妈妈
3. 家务劳动我能行
4. 我为家人做件事
5. 我的买菜小账本

活动一　家庭成员小档案

知识链接

家　人

家人，即亲人，特指与自己有血亲关系的人。其包含直系亲属与旁系亲属，如父、母、兄、弟、姐、妹、伯父、叔父、伯母、婶母、姑、舅、姨、表兄、兄弟姐妹、堂兄弟姐妹，等等。家人是一个笼统的概念。

探究活动

1. 你有哪些家人？把你家人的称呼填入相应的方框内。（请用☆标注在你的框内）

2. 制作家庭成员档案。

家庭成员 1		生日	
职业		爱好	
我和她 / 他的故事			
家庭成员 2		生日	
职业		爱好	
我和她 / 他的故事			

◆ 听了__________同学分享和家人的故事，我的体会：______________________

____

3. 你用心观察过家人们的外貌特征吗？选择一个家人为她 / 他画一幅肖像画吧。

◆ 我画的是____________，她 / 他的外貌特征是__________________________。

◆ 我认为____________同学的画能很好地表达出她 / 他写的外貌特征，我要为她 / 他的画点赞。

活动二 我的爸爸和妈妈

知识链接

父亲节和母亲节

父亲节（Father’s Day），顾名思义是感恩父亲的节日。日期在每年6月的第三个星期日，世界上有52个国家和地区是在这一天过父亲节。节日里有各种的庆祝方式，大部分都与赠送礼物、家族聚餐或活动有关。

现代意义上的母亲节（Mother’s Day）起源于美国，由安娜·贾维斯（Anna Jarvis，1864—1948）发起。1906年5月9日，安娜·贾维斯的母亲不幸去世，她悲痛万分。贾维斯写信给西弗吉尼亚州格拉夫顿的安德鲁斯循道圣公会教堂，请求为她的母亲做特别追思礼拜。她母亲生前为这一教堂的星期日学校服务了20多年。1908年，教堂宣布贾维斯母亲忌日——5月的第二个星期日为母亲节。贾维斯还组织了一个母亲节委员会，开始大规模宣传，呼吁将母亲节定为法定节日。

探究活动

1. 说一说、写一写爸爸妈妈和你之间难忘的故事。

____

____

2. 我来选一选。

（1）父亲节是哪一天？（　　　）

A. 每年 6 月的第三个星期日　　B. 每年 12 月的第三个星期日

（2）母亲节是哪一天？（　　　）

A. 每年 5 月的第二个星期日　　B. 每年 2 月的第四个星期日

（3）母亲节要送妈妈什么花？（　　　）

A. 荷花　　B. 月季　　C. 康乃馨　　D. 白玉兰

3. 爸爸妈妈知道你喜欢哪个玩具，你爱看哪本书，你爱吃哪道菜。你了解他们多少呢？想一想，填一填。

（1）爸爸和妈妈最喜欢的颜色分别是________和________。

（2）爸爸和妈妈最爱吃的水果分别是________和________。

（3）爸爸和妈妈的生日分别是________和________。

（4）爸爸和妈妈的手机号码分别是________和________。

4. 制作贺卡。

在节日这天，你会对爸爸 / 妈妈说什么呢？设计一张节日贺卡送给你的爸爸 / 妈妈吧！记得写上想说的话哦。

◆ 我和________同学制作的贺卡相比：

她 / 他的贺卡的优点：________________

我的贺卡的优点：________________

活动三 家务劳动我能行

知识链接

家务劳动

家务劳动是指家庭成员在日常的家庭生活中必须从事的一种无报酬劳动。包括：洗衣做饭、照看孩子、购买日用品、清洁卫生等。在不同的文化和不同的社会中，家务劳动的分工情况有所不同。

探究活动

1. 仔细观察，图片中的人在做什么家务？用线连一连。

①　　②　　③　　④

擦桌子　　做饭　　扫地　　拖地

2. 你还知道哪些常见的家务吗？

我知道的家务有：________________

（1）扫地是很简单的一项家务活。请你将扫地的步骤正确排序：

（　　）接着把垃圾扫入簸箕，最后倒入垃圾桶。

（　　）把垃圾堆成一堆。

（　　）先拿一把扫帚，身体向前弯一点。

（　　）然后开始扫地。扫帚在脚前贴着地面。

（2）一位小朋友不小心把记录好的洗绿领巾的步骤打乱了，请你帮她排排序，再把正确的步骤记下来：洗绿领巾时，先________，再________，接着________，然后________，最后________。

①涂上肥皂	②用手反复来回搓	③把绿领巾打湿
④放清水里把泡沫洗干净	⑤用衣架晾起来	

能够将步骤排正确：③①②④⑤

3. 想一想，说一说：你能帮大人做哪些家务？

我可以____。

4. 请你真诚地对忙碌的家人写一封感谢信吧！

例：妈妈，您平时要给我们买菜烧饭，每天给我们准备丰盛的早餐和晚餐，周末还要打扫卫生。您为了我们的幸福健康，每天都这么辛苦，谢谢您！

亲爱的爸爸 / 妈妈：________________________________

活动四 我为家人做件事

知识链接

感 恩

感恩，意思是对别人所给的帮助表示感激，是对他人帮助的回报。出自《三国志》：“飨赐之日，可人人别进，问其燥湿，加以密意，诱谕使言，察其志趣，令皆感恩戴义，怀欲报之心。”

探究活动

1. 工作日，家人们都是非常忙碌的，他们在干什么呢？填一填、连一连。

2. 家人们在周末也不能停歇，回忆一下你的上个周末，家里最忙碌的人是谁，她 / 他从早到晚做了哪些事。

周末，家里最忙碌的人	爸爸	妈妈	________
从早到晚，她 / 他在家里做了哪些事？			

3. 家人每天都为这个家忙碌着，即使是周末也不能休息，作为家庭中的一员，你能为家人做一件什么事？请你思考一下，画一画。

◆ 我能为____________（家人）做______________________________________，这件事情______________（难易程度），以后我会（偶尔 / 经常）帮__________（家人）做，希望能够减轻____________（家人）的负担。

活动五 我的买菜小账本

知识链接

质量换算和人民币换算

千克（符号 kg）是国际单位制中度量质量的基本单位，千克也是日常生活中最常使用的基本单位之一。1 千克 =1 公斤，1 千克 =2 斤，1 千克 =20 两，1 千克 =1 000 克。

现行的一斤是十两（合 500 克，0.5 公斤）。1958 年，中央工商行政管理局在全国多个地方试点的基础上，开始在全国实施衡器计量全面改革，普遍使用十两秤。

人民币是由中国人民银行发行，除 1、2、5 分三种硬币外，第一套、第二套和第三套人民币已经退出流通，第四套人民币于 2018 年 5 月 1 日起退出流通。现在市场上流通的人民币是第五套人民币，流通的纸币有 1 角、5 角，1 元、5 元、10 元、20 元、50 元、100 元，硬币有 1 角、5 角和 1 元。

探究活动

1. 根据上述知识，我知道 1 千克 =________公斤 =________斤 =________两 =__________克。所以我推算得出：1 斤 =__________两 =__________克。

2. 元角分单位换算。

1 元 =__________角，1 角 =__________分，1 元 =__________分

3 元 4 角 =__________角，2 元 4 角 =__________角

3. 青青菜场开门啦！

◆ 小朋友们，你们知道喜羊羊应该要付多少钱吗？把你的计算结果告诉同学。（提示：单价 × 数量 = 总价）

买胡萝卜：________________________________

____

买西兰花：________________________________

____

◆ 我认为__________同学的想法是正确的，理由是：__________

____

4. 我去菜场买一买。

设计记账单，想一想，记账单上要填什么？

（是谁买的菜，什么时候买的，买了什么，买了多少，花了多少钱）。

日期	采购人	菜名	数量	单价	总价	总支出

◆ 我觉得这份记账单__________，还可以补充__________

________________________________。

活动评价表

评价内容	自评	互评	师评
活动一			
能正确写出家庭成员的称呼			
能制作家庭成员的档案			
能和同学分享家人的故事			
能画出家人的外貌特征			
活动二			
能和同学分享自己和父母之间难忘的故事			
知道父母亲节的日期和由来			
能对父母有简单了解			
会制作一张贺卡			
活动三			
能了解各种家务			
能说出常见的家务种类并知道扫地和洗绿领巾的步骤			
能帮助家人做些简单的家务			
能写感恩信感恩家人的付出			
活动四			
能仔细观察家人工作日的状态，并知道他们做的事情			
能仔细观察家人周末的状态，并知道他们做的事情			
能为家人做一件事			

续表

评价内容	自评	互评	师评
活动五			
能正确进行重量单位之间的转换			
能正确进行人民币之间的转换			
能运用公式：单价 × 数量 = 总价			
知道记账单要写哪些内容，能正确填写记账单			

评价标准：优秀，良好，一般

第十二单元

七彩光世界

活动目标

1. 对皮影戏有初步的了解，与同伴一起完成皮影人物的制作和简单演绎，感受中国传统文化的魅力。

2. 了解万花筒的结构，初步认识光的反射现象，学会根据材料制定正确的步骤制作万花筒。

3. 知道潜望镜的结构，发现它能观察到不同角度的东西，能根据视频和图片了解它的用处。

4. 初步了解曲面镜在生活中的应用及其构造，了解哈哈镜是由不同的曲面镜组成的，能用简单的材料制作创意哈哈镜。

5. 知道人的视觉离不开光，根据不同颜色的指示牌发现一些颜色所包含的特定信息，懂得保护色对动物的生存意义以及对人类的启示作用。

评估证据

1. 玩转皮影戏。

（1）认识皮影。

① 能说出观看的皮影戏的故事内容，能说出皮影戏需要有人在幕后操作。

② 能写出皮影戏的道具，包括皮影人物、操纵杆、幕布和灯光。

③ 能给演绎皮影戏的过程进行正确排序。

（2）制作皮影。

① 能圈出皮影人物身上所有的连接点。

② 能选出自己喜欢的皮影人物。

③ 能根据视频内容及装配图与同桌合作完成皮影的制作。

（3）演绎皮影。

① 能给自己的皮影人物配上 1 ～ 2 句简单的话。

② 能控制操纵杆让皮影人物动起来。

③ 能做到轮流上台演出。

④ 能安静观看他人的演出。

2. 美丽的万花筒。

（1）能按照图例的样子看万花筒，并发现里面有漂亮的图案。

（2）能小心拆开万花筒，根据实物正确选出万花筒的组成部分。

（3）光的反射。

① 能根据提供的镜子数量，摆出不同的造型。

② 能发现不同镜子的数量以及不同的摆放方法可以在镜子中看到不同数量的积木。

（4）制作万花筒。

① 能根据提供的步骤图，与同伴商议出正确的制作步骤。

② 能根据制作步骤制作出万花筒。

（5）共享万花筒。

① 能与同伴互相交换看万花筒。

② 能对自己的作品和同伴的作品做出公正的评价。

3. 神奇的潜望镜。

（1）潜望镜的结构。

① 能说出潜望镜的结构包括两个镜头、镜身。

② 能画出潜望镜两个镜头中的镜子的位置。

③ 能成功拆装潜望镜的两个镜头。

（2）能发现旋转潜望镜的镜头可以观察到位置不同、正倒不同的图像。

（3）能说出潜望镜在军事上、生活中的用处。

4. 好玩的曲面镜。

（1）生活中的曲面镜。

①能发现平面镜照出的人脸大小不变，是正立的。

②能说出勺子一面朝里凹，一面朝外凸。

③能说出勺子凹面照脸时，是倒立模糊的脸；勺子凸面照脸时，是正立清晰的脸。

④能看图说出转弯镜是凸面镜、太阳灶是凹面镜。

（2）好笑的哈哈镜。

①能分别说出四面哈哈镜照出的人脸的样子。

②能用曲线表示哈哈镜的镜面样子。

③能说出有的哈哈镜就是凸面镜或者凹面镜，有的哈哈镜是凸面镜和凹面镜的组合。

④能画出哈哈镜中自己人脸的样子。

⑤能按照画的镜面的样子做出哈哈镜实物。

5. 光和颜色是好朋友。

（1）能说出人类必须有光才能看到东西，能列举出其他能发光的东西。

（2）颜色对我们的帮助。

①能理解红色、绿色、黄色、蓝色这四种颜色的指示牌代表的含义。

②能根据指示牌的内容给指示牌正确涂色。

③能根据指示牌颜色的特征编出一首安全儿歌。

（3）颜色对动物的帮助。

①能在图片中找出动物，知道有些动物和周围环境的颜色很相近，可以保护它们的安全。

②能根据教室环境的颜色，给鱼涂上合适的颜色而不被发现。

③能说出人类模仿动物的保护色的实例。

活动内容

1. 玩转皮影戏
2. 美丽的万花筒
3. 神奇的潜望镜
4. 好玩的曲面镜
5. 光和颜色是好朋友

活动一　玩转皮影戏

知识链接

皮影戏

皮影戏是中国民间的传统艺术。据史书记载，皮影戏始于西汉，兴于唐朝，盛于清代，元代时期传至西亚和欧洲。皮影戏是一种以兽皮或纸板做成的人物剪影以表演故事的民间戏剧。表演时，艺人们在白色幕布后面，一边操纵影人，一边用当地流行的曲调讲述故事，同时配以打击乐器和弦乐，有浓厚的乡土气息。其流行范围极为广泛，并因各地所演的声腔不同而形成多种多样的皮影戏。2011 年，中国皮影戏入选人类非物质文化遗产代表作名录。

探究活动

1. 小朋友们，你们听说过皮影戏吗？我们一起来欣赏一段皮影戏吧。

（1）和你的同伴互相说说：

① 这段皮影戏讲的是什么内容？＿＿＿＿＿＿＿＿＿＿＿＿＿＿＿＿

② 你在幕后看到了什么？＿＿＿＿＿＿＿＿＿＿＿＿＿＿＿＿＿＿＿

（2）思考一下，做一场皮影戏需要哪些道具？看看下图，会不会对你有什么帮助？

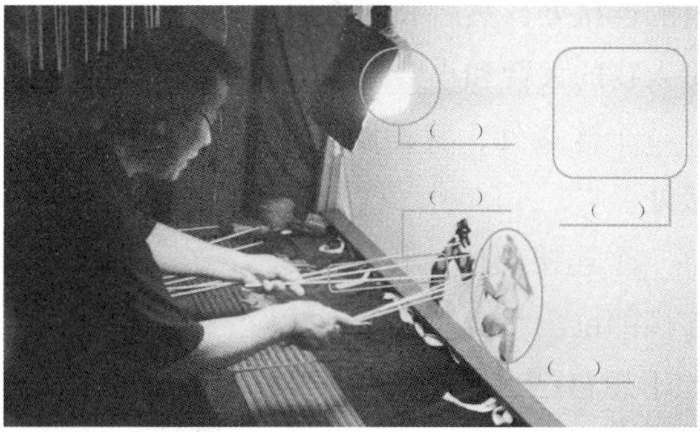

圈出来的是4个道具，将道具的序号标在图上相应的（　　）内吧。

①皮影人物　②操纵杆　③幕布　④灯光

我写对了________个，我的同桌写对了________个。

（3）刚刚视频里我们看到的是“猫捉老鼠”的皮影片段，要完成这一场皮影戏，从前期准备到最后的演出，需要哪些步骤呢？请给下面的步骤排排序吧。

① 排练

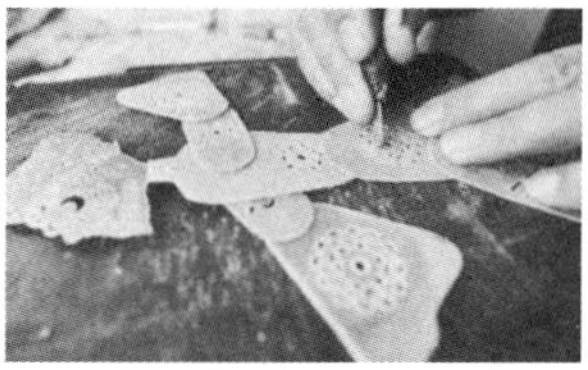

② 做皮影

③ 演出

④ 编故事

我的排序是________________________________。

我排序________（正确 / 错误）了，我的同桌排序________（正确 / 错误）了。

2. 做皮影是一件非常细致的事情，我们来看看皮影人物的结构特点。

（1）看到下右图人物身体上的黑点了吗？那是身体各个结构的连接处，请你们仔细观察，圈出所有的连接处，然后和同桌说一说身体什么部位和什么部位相连。

交流举例：皮影人物的大臂和小臂相连。

我圈出了________个连接处，我的同桌圈出了________个连接处。

我说出了________个连接部位，我的同桌说出了________个连接部位。

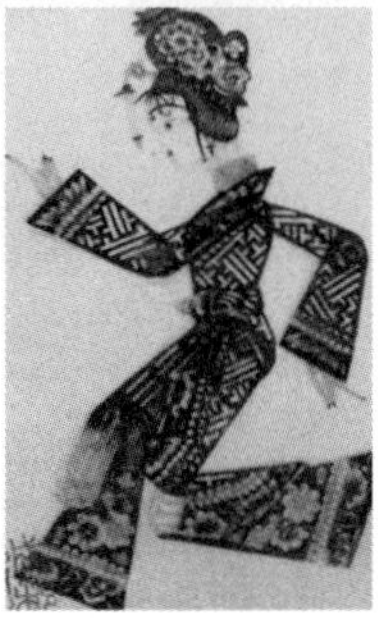

（2）小朋友们想不想自己也来做个皮影人物？和你的同桌一人选一个喜欢的皮影人物，然后合作完成吧。

狼

兔子

乌龟

鸡

农夫

在你选择的人物名称上面打“√”，在你同桌选择的人物名称上面画“○”。

（3）我们来看看皮影材料包里都有哪些材料。

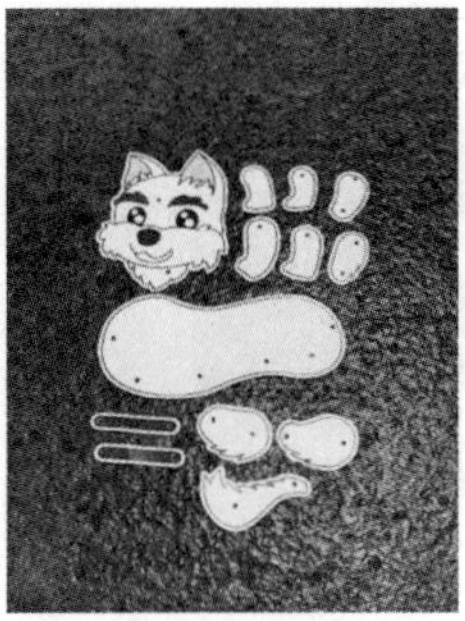
人物结构

操纵杆

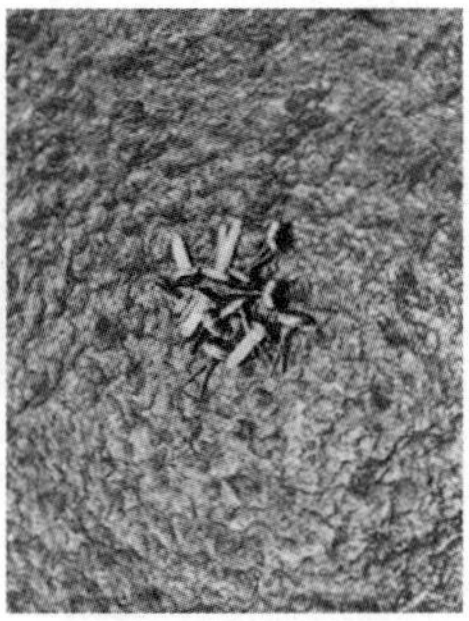
两脚钉

我们要用两脚钉把人物各个关节处以及操纵杆连接起来。我们先来看视频，学习一下如何使用两脚钉吧。

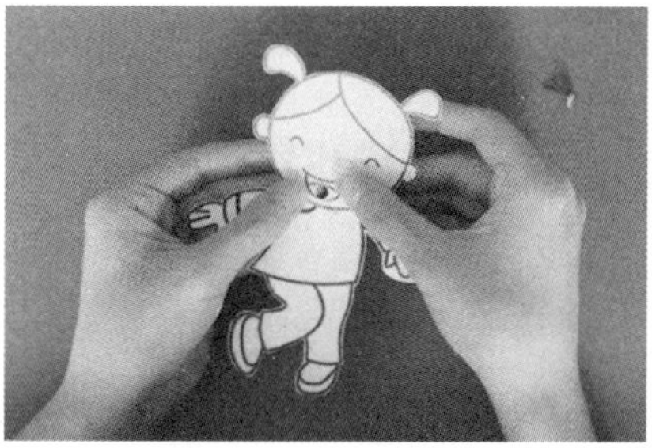

每个材料包里都有装配图，你们能跟着装配图的样子，完成皮影人物的制作吗？

装配一半正面

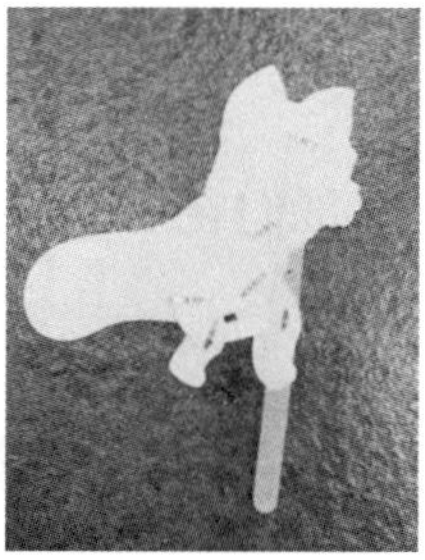

装配一半反面

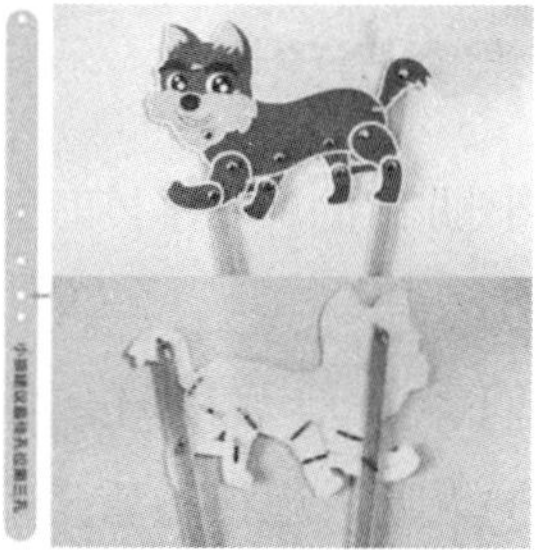

完整装配图正反面

我和同桌（需要老师的帮助 / 不需要老师的帮助）合作装配成功了皮影人物。

3. 大家一定迫不及待地想去试一下了吧，给你的皮影人物配上 1 ～ 2 句话，然后轮流去幕布后面演绎一下吧。

我配的短语是：

____

____

我的皮影人物（动起来了 / 没动起来）。

我最喜欢________的皮影演绎。

我（做到了 / 没做到）轮流表演。

我（做到了 / 没做到）安静观看。

活动二　美丽的万花筒

知识链接

万花筒

万花筒是一种光学玩具，将有鲜艳颜色的珠片放于圆筒的一端，圆筒中间放置由三面玻璃镜子组成的三棱镜，另一端用开孔的玻璃密封，由孔中看去即可观测到对称的美丽图像。将它稍微转一下，又会出现另一种花的图案。不断地转，图案也在不断变化，所以叫“万花筒”。

探究活动

1. 小朋友们，你们知道图上的哥哥们在看什么吗？

他们看的是万花筒，学着哥哥们的样子，也来看一下吧，记得边看边旋转万花筒哦。

（1）和你的同伴说一说，你在万花筒里看到了什么？

（2）当旋转万花筒时，万花筒里的图像（会变化 / 不会变化）。

2. 万花筒好神奇，里面的图案非常漂亮，每次旋转看到的图案都不一样，为什么会有这么神奇的效果，我们打开万花筒来看看吧。

轻轻拆解万花筒，你手中的万花筒由哪些部分组成呢？请在下面圈出它们的名称。

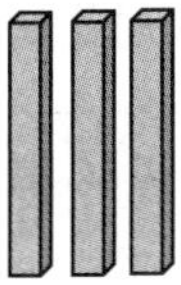

木棒

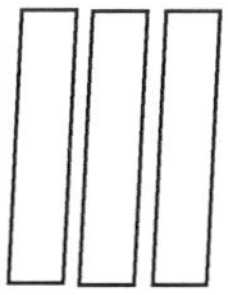

长条镜子

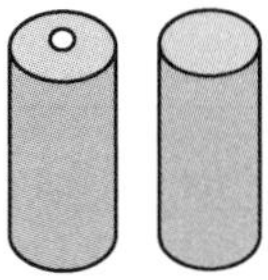

塑料壳

彩色珠片

我圈对了________个，我的同桌圈对了________个。

3. 为什么彩色珠片放在万花筒里看那么漂亮，而将它们拿出万花筒就没有神奇的效果了呢？猜一猜，是万花筒里的哪个部分让彩色珠片变得这么漂亮的？在你猜测的图旁打上“？”。

和你的同伴交流一下，你们的猜测一样吗？我的猜测和同伴（一样 / 不一样）。

下面，我们就来做几个小实验吧。

（1）在一块积木前放一面镜子，你在镜子中看到了几块积木？

“□”表示积木，“________”表示镜子

镜子、积木的摆放位置	镜子中积木的数量
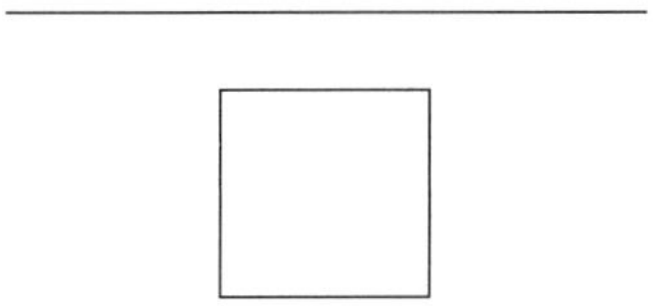	

（2）如果给你两面镜子，你会怎么摆放？你又会在镜子中看到几块积木？

镜子、积木的摆放位置	镜子中积木的数量

（3）如果给你三面镜子，你会怎么摆放，你又会在镜子中看到几块积木？

镜子、积木的摆放位置	镜子中积木的数量

想一想：最少需要摆放几面镜子才可以绕积木一圈都能同时看到积木？你如果摆出了，在你摆出的位置旁边打上“☆”。

所以，是万花筒里的__________让彩色珠片变得这么漂亮的，我猜（对 / 错）了，我的同桌猜（对 / 错）了。

4. 万花筒这么漂亮，你一定也想做一个吧。每个小朋友领取一个万花筒材料包，一起试着做一做吧。

（1）小心打开材料包，查看你的材料是否都齐全。如果有缺记得告诉老师。

（2）和你的同伴讨论一下制作步骤，给下方的制作步骤排个序，在（　　）内填上序号。

小提示：制作步骤并不唯一，只要合适即可。

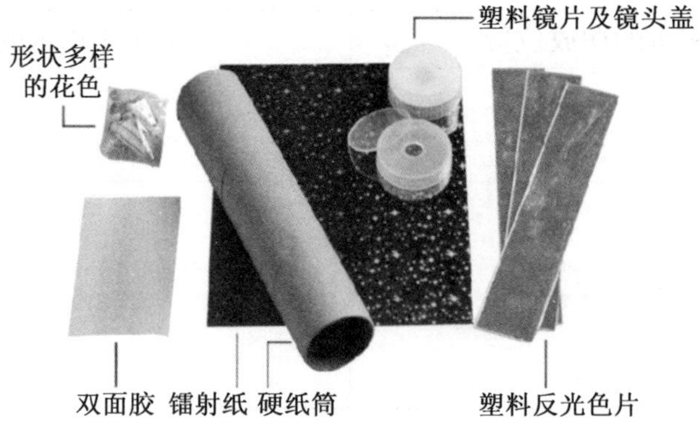

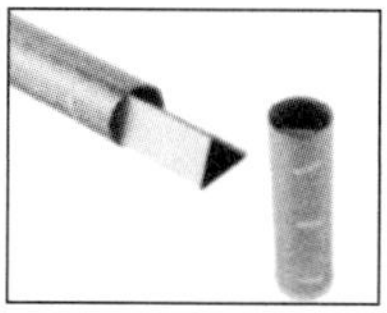

（　　）□
将三棱镜放入纸筒

（　　）□
包装纸贴在纸筒上面卷一圈

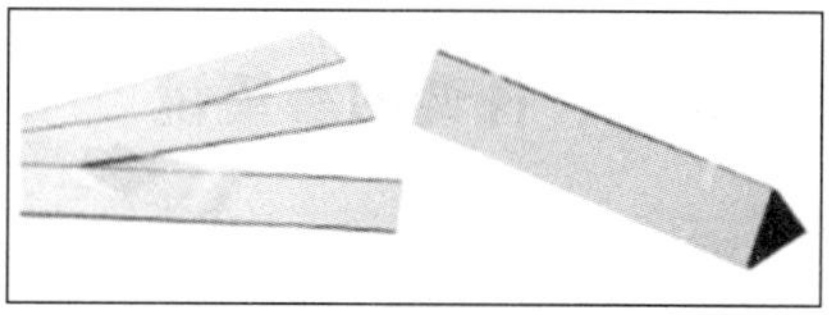

（　　）□
撕去塑料膜，组成三角形，贴住

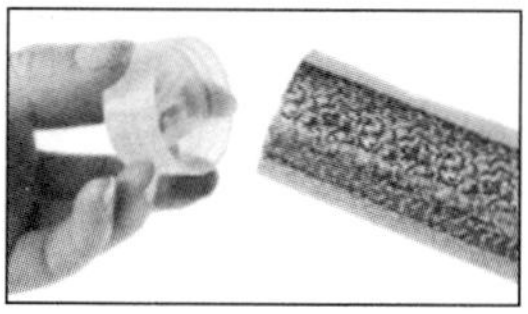

（　　）□
装花底盖盖在万花筒底部

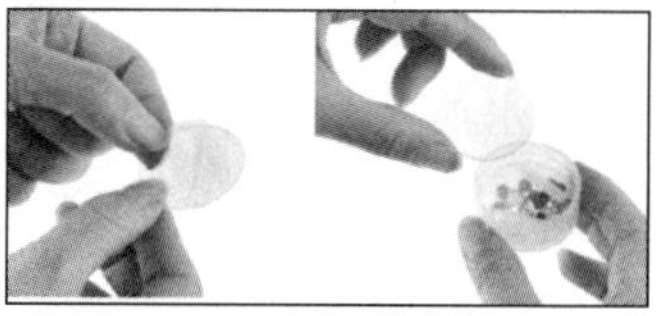

（　　）□
撕去圆片上的透明膜
将圆片盖在装花底盖中

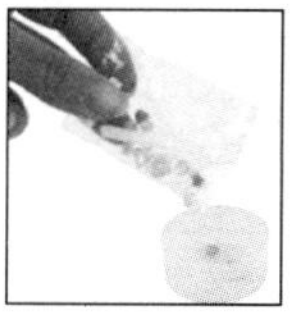

（　　）□
珠花倒入底盖

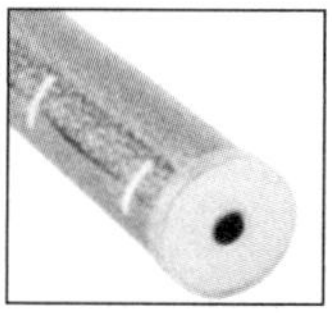

（　　）□
上眼盖盖在纸筒一端

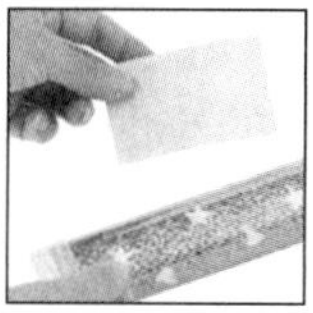

（　　）□
贴上装饰纸

我和同伴（需要老师的帮助 / 不需要老师的帮助）排出了制作步骤。

（3）确定好步骤后，开始制作吧，完成一个步骤就在步骤旁的“□”内打“√”吧。如果遇到困难，可以寻求同伴或者老师的帮助哦。

我（独立完成 / 在同伴的帮助下 / 在老师的帮助下）完成了万花筒的制作。

5. 快来看一看你的万花筒有没有特别漂亮，你可以和同伴交换看哦。

（1）我的万花筒里面（有 / 没有）漂亮的图案，我（喜欢 / 不喜欢）自己做的万花筒。

（2）我和__________（同伴名字）交换了万花筒。

（3）我觉得__________（同伴名字）的万花筒做得最工整。

（4）我觉得__________（同伴名字）的万花筒做得最漂亮。

活动三　神奇的潜望镜

知识链接

潜望镜

潜望镜是指从海面下伸出海面或从低洼坑道伸出地面，用以窥探海面或地面上活动的装置。潜望镜常用于潜水艇、坑道和坦克内观察敌情。多数潜艇均安装有两部潜望镜，一部是攻击潜望镜，一部是观察潜望镜。前者用于发现和瞄准水面目标，而后者主要用于观察海空情况和导航。

探究活动

1. 小朋友们，我们一起来做个游戏吧。

游戏规则：所有的小朋友藏在桌子底下；老师在电脑上快速播放图片；小朋友试着偷看老师播放的图片，但不要被老师发现。

在做游戏的过程中，我（有 / 没有）被老师发现，我偷看到了________张图片，我（有 / 没有）影响其他同学做游戏，我觉得这样偷看____________________。

（1）想一想，可以借助什么工具既能看到图片又不会被老师发现呢？快和同伴说说你的想法。

我想到的工具是____。

（2）老师这里有一件“秘密武器”，可以帮助小朋友们不被发现，快来认一认它吧。

图片上的三个仪器，它们都叫作“潜望镜”。我们来认一下它的结构。

拿着潜望镜，跟同桌说一说它每个部位的名称：________________________

我（能说出 / 说不出）潜望镜的结构，我的同桌（能说出 / 说不出）潜望镜的结构。

（3）轻轻地拆开潜望镜的两个镜头，你在里面发现了什么？把你的发现和同伴与老师分享。

潜望镜里的镜子是怎么摆放的呢？用线条来表示镜子的位置，在图上画一画。

我画（对 / 错）了，我的同伴画（对 / 错）了。

（4）你会把镜头装回去吗？赶快来试一试吧。

我（成功 / 没有成功）装回镜头，我的同伴（成功 / 没有成功）装回镜头。

2. 潜望镜到底有什么神奇之处呢？快来试试吧。

（1）蹲在窗台下，按照图片里的样子使用潜望镜，用文字或者图画记录你的发现。

不用潜望镜	看到了什么？	用潜望镜	看到了什么？
窗户 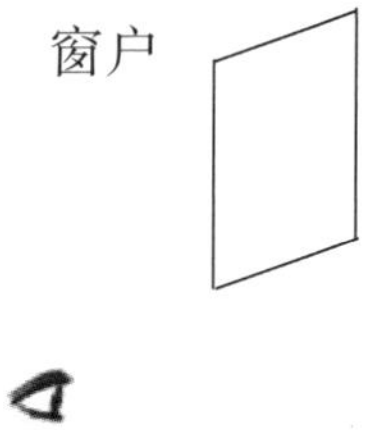		窗户 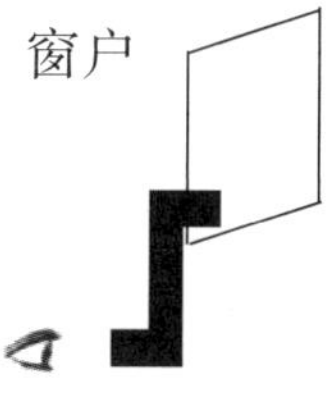	

（2）和同伴说一说，不用潜望镜和用潜望镜看东西有什么不一样的地方。

我发现不用潜望镜看到的是__________________，用了潜望镜看到的是________________。

（3）小朋友们，按照图片中的样子，试着旋转一个潜望镜的镜头，再看看潜望镜，你有什么新发现吗？

图 1：我看到了________边的东西，它是________（正立 / 倒立）的。

图 2：我看到了________边的东西，它是________（正立 / 倒立）的。

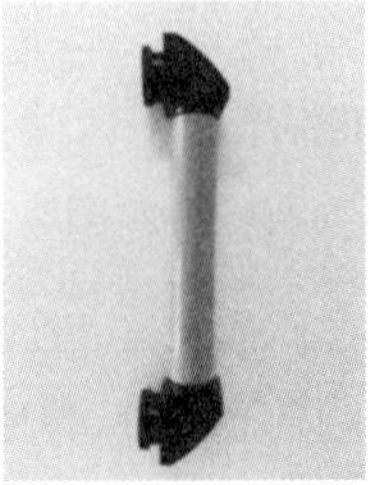

图 1

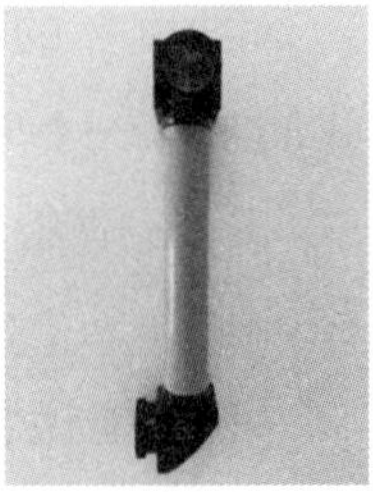

图 2

我发现，镜头的位置不同，看到的东西的位置________（不同 / 相同）。

你还想怎么使用潜望镜，快去试试吧，把你的方法和同伴说一说。

我又尝试了________种方法，我的同伴尝试了________种方法。

（4）接下来，我们再来做一回刚刚的游戏吧。这回我们用上潜望镜，先和同伴说说，你要怎么用潜望镜。

交流完后快来试试，你能轻松看到老师播放的图片吗？

我观察到了________张图片，比之前________（多 / 少）看到了________张图片；我的同伴观察到了________张图片，比之前________（多 / 少）看到了________张图片。

和同伴说说你的使用感想吧。我觉得这样观察____。

3. 小朋友们，你们知道吗？潜望镜的用处可大了。在军事上，它可是勘察敌情的好助手，在生活中，也有很大的用处，我们一起来看看视频和图片，了解一下潜望镜的作用吧。

我觉得潜望镜还可以用在________________________________。

我的同伴（有说出 / 没有说出）潜望镜的其他用途。

潜水艇潜望镜

管道养护

活动四 好玩的曲面镜

知识链接

曲面镜

曲面镜主要指凹面镜和凸面镜，主要用作衣妆镜、家具配件、建筑装饰件、光学仪器部件以及太阳灶、车灯与探照灯的反射镜、反射望远镜、汽车后视镜等。哈哈镜是由特殊的镜面组成的，它的镜面有的部分是凸面镜，有的部分是凹面镜。

探究活动

1. 生活中的曲面镜。

（1）小朋友们，右图的镜子大家都很熟悉吧，我们平时都会照，它叫作平面镜。和你的同伴说说镜子里的你是怎样的，记录在下面的表格中（用√表示）。

脸变大	脸变小	脸正常大小	脸正立	脸倒立	脸清晰	脸模糊

我（能 / 不能）记录平面镜中脸的特点，我的同伴（能 / 不能）记录平面镜中脸的特点。

（2）我们来照照其他好玩的镜子吧，拿出你们的勺子，它也可以当做镜子哦，不过是比较特殊的镜子。请仔细观察一下你的勺子吧。

它一面朝里__________ →

我们可以称它为凹面镜

← 它一面朝外__________

我们可以称它为凸面镜

（3）按照下图的样子，分别用不锈钢汤勺的凹面和凸面照自己的脸，观察勺子上的脸是怎样的，并完成下面的表格，在相应的格子内打“√”。

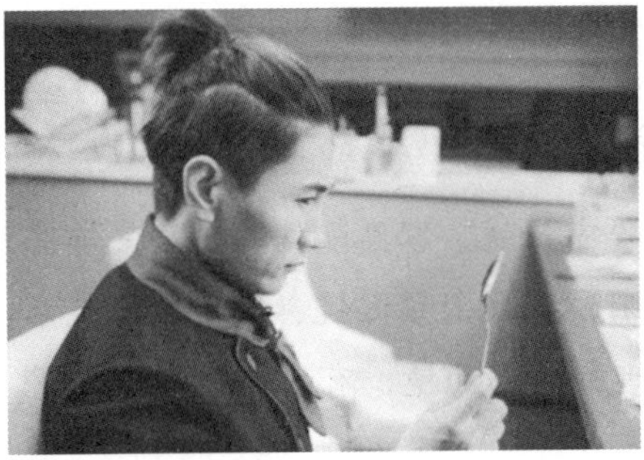

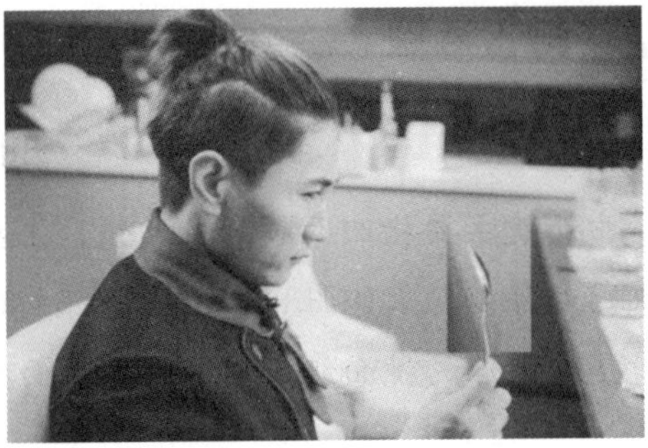

勺子面	脸变大	脸变小	脸正常大小	脸正立	脸倒立	脸清晰	脸模糊
凹面							
凸面							

和你的同伴交流观察到的现象，我和同伴观察到的现象（一样 / 不一样）。如果不一样，试着找找原因。

（4）比一比两张表格，和同伴说一说用平面镜、凹面镜和凸面镜照脸的不同之处。

我（说出了 / 没有说出）不同之处，我的同伴（说出了 / 没有说出）不同之处。

（5）你在生活中还见过哪些跟勺子一样的凸面镜或者凹面镜吗？快和同伴还有老师交流一下吧。

我说出了________种镜子，我的同伴说出了________种镜子。

来看看下面的镜子，你们是不是有见过呢？它们分别是什么镜子？

这是转弯镜，主要用于各种弯道、路口，可以扩大司机视野，及早发现弯道对面车辆，以减少交通事故的发生。也用于超市防盗，监视死角。它是________面镜。

这是太阳灶，它可以收集太阳光，对食物进行加热。它是________面镜。

我写对了________个，我的同伴写对了________个。

2. 好笑的哈哈镜。

小朋友们，图片上的镜子你们见过吗？它叫哈哈镜。哈哈镜和凸面镜、凹面镜有什么相同与不同的地方呢？我们一起来玩玩吧。

（1）请你照一照四面不同哈哈镜，跟你的伙伴说一说，四面镜子照出来的样子分别是怎样的。

（2）请你摸一摸每面哈哈镜，将镜子平放在桌面上，观察镜面，用线条来表示这些镜子的表面。

镜子的表面			

我画出了________面哈哈镜的镜面，我的同伴画出了________面哈哈镜的镜面。

（3）你能说一说哈哈镜和凸面镜、凹面镜有什么相同或者不同的地方吗？

我（能 / 不能）说出哈哈镜和凸面镜、凹面镜的异同点，我的同伴（能 / 不能）

说出哈哈镜和凸面镜、凹面镜的异同点。

（4）请选择一面你喜欢的哈哈镜，把你照出来的样子画在右边框内。

我觉得，__________（同伴姓名）画的与镜子里的像最像。

（5）我们一起来做一面属于自己的哈哈镜吧。我们可以利用软镜面贴纸来制作，它可以照出人像，也能随意扭曲，我们来看四幅简单的作品。

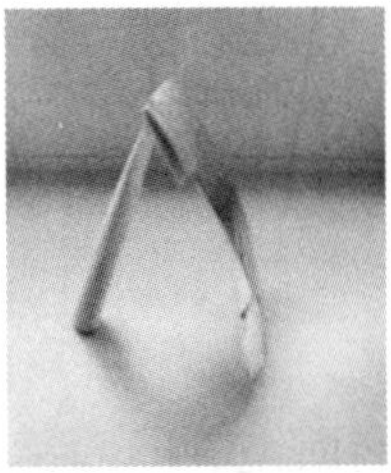

① 画出你想做的哈哈镜的镜面示意图，用曲线表示镜面，画在右方空格内。

② 每人领取一张白纸、一把剪刀，双面胶可以多位同学共用，做一个简单的镜框。镜框没有固定的式样，可以参照上图的样子，也可以自己创造。

我（独立 / 在同学的帮助下 / 在老师的帮助下）制作了镜框，我觉得__________（同伴名字）的镜框做得最好看。

③ 按照画的镜面式样，做出镜面造型，并贴在镜框上。

我（能 / 不能）按照画的式样做出镜面效果，我在做的过程中得到了__________（同伴名字）的帮助。

④ 照一照自己的哈哈镜，效果怎样？和你的同伴互相分享你们的制作成果吧。

我觉得自己的哈哈镜做得________，我喜欢________（同伴名字）的哈哈镜。

把你们的哈哈镜放在班级里做展示吧，让大家都照一照，笑一笑。

活动五　光和颜色是好朋友

知识链接

阳光和色彩

我们生活的世界充满了阳光和色彩。在阳光的照射下，我们看见的每一件东西都呈现了不同的颜色。我们的视觉也离不开光。一些颜色在生活中有特定的信息，传达给我们不同的含义。有些动物也会利用颜色来保护自己。

探究活动

1. 人的视觉离不开光。

（1）小朋友，我们来猜个谜语吧：小圆柱，手里拿，晚上用，看得见。（打一物品）

我猜谜底是________，我猜（对 / 错）了。

（2）为什么到了晚上用手电筒就看得见呢？除了手电筒，还有什么东西也能让我们在黑暗中看见东西？

因为手电筒能发出________，除了手电筒，还有__________能让我们在黑暗中看见东西。

我列举了________样东西，我的同伴列举了________样东西。

有了光，我们就能看见五彩斑斓的世界，我们的视觉离不开光。

2. 颜色对我们的帮助。

我们生活在一个五彩斑斓的世界，颜色不仅让我们的世界变得美丽，它也有很多作用哦。

（1）下面这些是生活中的标识和指示灯，仔细观察并与同桌讨论：这些指示牌都有什么特征？

____

我说出了________个特征，我的同桌说出了________个特征。

不同颜色的指示灯或者标识的颜色都有其含义：

（红色）——危险或告急，有危险或须立即采取行动。

（黄色）——注意，有变化或将变化。

（绿色）——安全，正常或允许进行。

（蓝色）——指示，按需要指定用意。

（2）我们知道了颜色的含义，你能给下面的标识涂上相应的颜色吗？

步行通道　入口处　当心触电　禁止吸烟

我涂对了________个标识，我的同伴涂对了________个标识。

（3）你能不能根据颜色的含义编一首朗朗上口的儿歌，让大家容易记住？可以选几个伙伴一起编哦。

儿歌举例：红色红色马上停，黄色黄色要注意……

我和__________（同伴名字）一起编了儿歌，我们的儿歌是：

____

听听其他小朋友编的儿歌，我喜欢________的儿歌。

3. 颜色对动物的帮助。

（1）你知道吗？颜色对小动物也非常重要哦。下图中，你能找出图中的动物在哪里吗？看看谁是火眼金睛。把你找到的小动物圈出来。

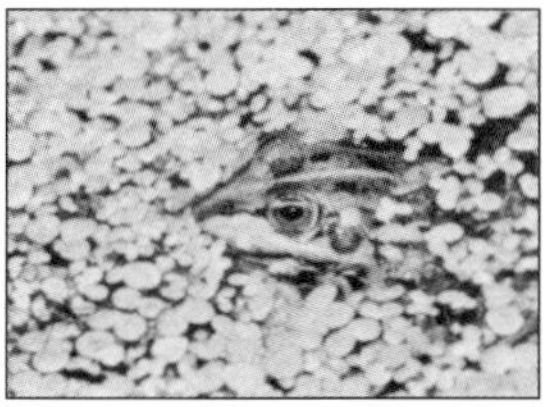

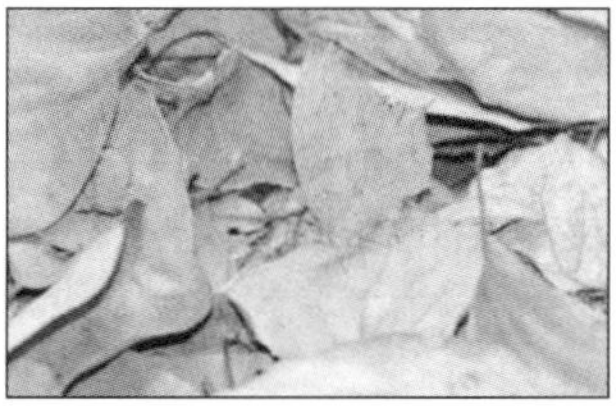

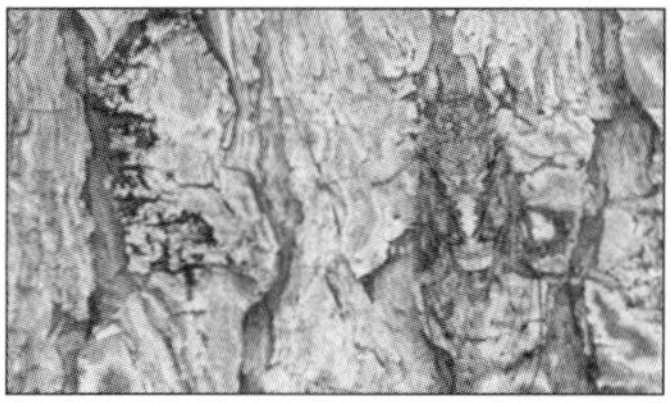

我找了________个小动物，我的同桌找到了________个小动物。

（2）和你的同伴说说这些保护色对动物生存的意义。

我（能 / 不能）说出保护色对动物生存的意义，我的同伴（能 / 不能）说出保护色对动物生存的意义。

（3）右图是一条没有涂色的小鱼，把教室的某处想象成这条鱼生活的地方，你会给这条鱼涂上什么颜色，让它可以很好地隐蔽？快来涂一涂吧。

（4）现在，把你的小鱼剪下来贴在教室的某一处，看看谁的鱼没有被找到。

我的鱼（有 / 没有）被找到，________的鱼是最后被找到的。

小动物们利用保护色可以保护自己不被敌人发现吃掉，真了不起。所以我们要爱护它们，不要去捕捉伤害它们。生活中人们也很聪明，根据动物的保护色想到了保护人类自身，想一想人类会怎样利用呢？

我想到了______________，我的同伴想到了____________________。

活动评价表

评价内容	自评	互评	师评
活动一			
能说出观看的皮影戏的内容以及幕后的东西			
能说出演出皮影戏需要的道具			
能给完成皮影戏的步骤正确排序			
能圈出皮影人物身体结构的连接点			
能与同伴合作完成皮影人物的制作			
能给皮影人物配上话并让它动起来			
能安静观看同伴的演出			
活动二			
会玩万花筒并且感受到图案的变化			
能圈出万花筒的组成部分			
能发现不同数量镜子按不同方法摆放可以反射出不同数量的积木			
能说出是镜子让万花筒里的彩色珠片变得漂亮的原因			
能正确对万花筒的制作步骤排序			
能制作万花筒			
能共享万花筒并公正评价他人的作品			

续表

评价内容	自评	互评	师评
活动三			
能按照游戏规则玩游戏，并说出玩游戏的感想			
能想到观察时不会被发现的工具			
能说出潜望镜的结构			
能发现潜望镜镜头里有斜放的镜子			
能画出潜望镜镜头中镜子的摆放位置			
能成功装回潜望镜的镜头			
能说出在窗户下使用潜望镜及不用潜望镜观察物体的区别			
能发现改变潜望镜镜头的位置可以看到不同方向的情景			
能用不同的方法使用潜望镜			
能用潜望镜再次玩游戏并说出使用方法及游戏感想			
能说出潜望镜在生活中的用处			
活动四			
能找出平面镜成像特点			
能观察到勺子的凹面和凸面			
能说出勺子不同面照出的人像的特点			
能说出平面镜、凹面镜和凸面镜成像的不同之处			
能说出凹面镜和凸面镜在生活中的用处			
能说出不同哈哈镜照出人像的特点			
能画出不同哈哈镜镜面的形状			

续表

评价内容	自评	互评	师评
能说出哈哈镜和凸面镜、凹面镜的不同点			
能画出哈哈镜中自己的人像			
能制作哈哈镜			
能与同伴分享制作的哈哈镜并公正评价他人的作品			
活动五			
能猜对谜语			
能举例说明人的视觉离不开光			
能说出指示牌的特征			
能说出红、黄、蓝、绿四种颜色标识牌代表的信息含义			
能够根据颜色的含义编一首儿歌			
能找出图中的小动物			
能说出保护色对于动物生存的意义			
能根据教室某处的颜色给鱼涂上相应的颜色			
能说出人类利用保护色的实例			

评价标准：优秀、良好、一般

第十三单元

我爱做游戏

活动目标

1. 初步了解水的基本特征及特性，并形成对水的重要性的认知。

2. 学会与同伴分工合作搭建实验装置进行实验并观察实验结果，增强主动参与实践的自信心和积极性。

3. 能根据“调皮的冰块”和“冰块在哪里”的实验需求合理分工，自主合作完成实验，并记录实验现象。

4. 猜测并尝试让风车转动的不同方式及思考转动快慢的原因，初步学会提取信息、观察和思考。

5. 观察不同形式的拍篮球游戏，思考并总结不同现象产生的原因，初步学会提取信息、观察和思考。

6. 尝试不同线路的赶小猪活动，了解游戏与力之间的关系，学会敢于思考、勇于表达自己的见解。

评估证据

1. 认识水。

（1）通过感官体验和观察，能够说出水的基本特征是无色、透明和无味的。

（2）通过实验和游戏，能够掌握水是无形的流动液体特质。

（3）能够描述 2 ～ 3 条关于水的作用，感知水的重要性。

2. 水往高处流。

（1）能够简单描述水往高处流的现象和“逃跑的水”实验现象。

（2）能与同伴合作搭建小喷泉实验装置并正确描述水是怎样往高处流的。

（3）能多次尝试找到让喷泉喷得高的方法，并用简单的图文记录方法。

3. 水与油的奇妙合作。

（1）能根据实验内容在任务单上画出猜测的冰块在水中、油中的位置以及水油混合后水油的相对位置。

（2）能与同桌协商合理分配实验任务，填写分工单，按照分配的任务合作完成实验；能根据实验现象，如实画出冰块在水中、油中的位置，以及水油混合后水油的相对位置。

（3）能根据“熔岩灯”效果图、实验器材以及“冰块在哪里”的实验结论，较完整地推测出“熔岩灯”的制作方法。

4. 小风车转转转。

（1）能至少说出 1 ～ 2 种让风车动起来的方法。

（2）能至少说出一个风车转得快的原因。

（3）能用字母符号简单记录实验现象并正确总结风速与转速之间的关系。

5. 球球大作战。

（1）能利用字母符号准确填写出球的高度对应的用力轻重，总结力与高度之间的关系。

（2）能利用字母符号准确记录不同距离拍接球用力大小的变化，总结拍球力与距离之间的关系。

（3）能利用字母符号准确记录不同距离扔接球用力大小的变化，总结扔球力与距离之间的关系。

6. 赶小猪。

（1）能够按照游戏要求完成直线赶小猪游戏并敢于说出自己遇到的问题。

（2）能够按照设计的路线图 1 和图 2 完成赶小猪游戏并敢于表达自己的想法。

（3）小组能够合作完成接力赶小猪游戏并且能够分享宝贵经验。

活动内容

1. 认识水
2. 水往高处流
3. 水与油的奇妙合作
4. 小风车转转转
5. 球球大作战
6. 赶小猪

活动一 认识水

知识链接

水

水是无色无味液体，地球有72%的表面被水覆盖。水在空气中含量虽少，但却是空气的重要组成部分。我国淡水资源总量较多，但按人口、耕地平均占有水平很低。与世界上许多国家相比，我国淡水资源问题比较严重，在地区上分布不均，水土组合不平衡。

探究活动

1. 水之初体验。

（1）观察两杯液体（分别装水和牛奶），辨别水的颜色。

（2）尝试将玻璃球放进这两个杯中，观察水是否透明。

（3）闻一闻醋与水的味道，了解水的味道。

根据对水的观察结果，圈出关于水的基本特征。

看一看：观察水的颜色		**玩一玩：拿一颗玻璃球，放在牛奶和水中比较观察现象**		**闻一闻：比较醋与水的味道**	
有色	无色	透明	不透明	有味	无味

2. 水之实验与游戏。

观察小实验：水是怎样到桶里的？

（1）观察用水勺舀水，倒在漏斗里，水是怎样到桶里的。

____

（2）用水勺将水倒在塑料板上，水像瀑布一样，说说水是怎样到桶里的。

____

玩水游戏，学生用手抓水。

讨论：（1）怎样才能将水盛起来？

（2）看看盛起来的水是什么形状的，说说水有没有形状。

根据实验与游戏，请同学们选一选自己眼中的水的模样。

水是______________________________。

A. 无形的流动液体　　B. 有形的不流动的固体

3. 水之重要性。

小组讨论：水可以用来干什么？如果没有水会怎样？（要求：用简单的词汇进行描述）

水的用处	**如果没有水会怎样**
例如：浇花	花儿枯萎

活动二 水往高处流

知识链接

水往高处流奇观

一般来说，水都是往低处流的，哪能往高处流呢？然而这样的怪事的确存在。在新疆大漠深处，围绕高原之巅有不少奇闻趣事，其中最为奇怪的就是“水往高处流”这一自然奇观。

探究活动

1. 逃跑的水。

同学们，我们知道水会往低处流，你们有见过水往高处流的现象吗？跟你的同伴和老师分享一下你的所见所闻。

你是否见过水往高处流的现象？（是 / 否）

如果见过这个现象，说一说在什么地方见过并描述该现象。

____

下面，请大家观看实验视频“逃跑的水”，观看之后请根据下面的回答提示告诉大家：实验器材有哪些？实验步骤是什么？实验现象又是什么？（视频：https://v.youku.com/v_show/id_XMjk2MTA3Mzg4MA==.html?spm=a2h0k.11417342.soresults.dtitle）

【实验器材】________、________、________、________。

【实验步骤】

第一步：将餐巾纸折成__________，一共折________条纸巾。

第二步：先往4个杯子中倒入________并添加________，另外3个杯子________。7个杯子的摆放顺序是______________。

第三步：将4条餐巾纸分别架在______杯子和______杯子中间，等待实验现象。

【实验现象】

我发现____。

评一评：我说__________（对 / 错）了，我的同桌说__________（对 / 错）了。

2. 搭建小喷泉。

很多同学在生活中见过喷泉，下面我们就来动手做一个喷泉吧！

【实验器材】带孔的瓶子、软管、带孔瓶盖（以上三样东西学校提供）、水

【实验步骤】（1）将软管插入带孔瓶盖。

（2）在瓶中倒入大半瓶水，将瓶盖盖在瓶子上。

（3）将瓶子倒立，软管向上弯。

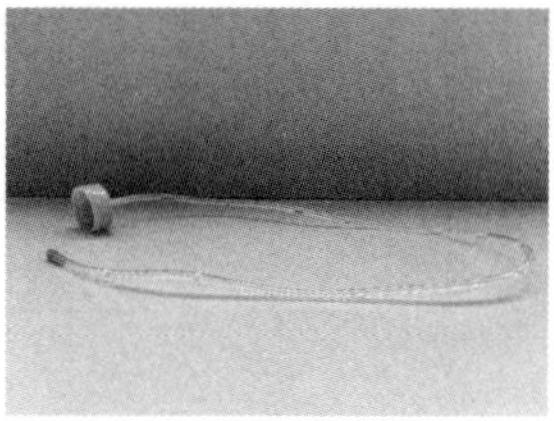
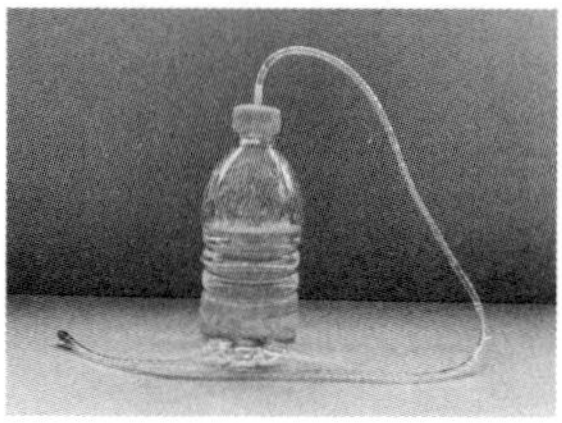
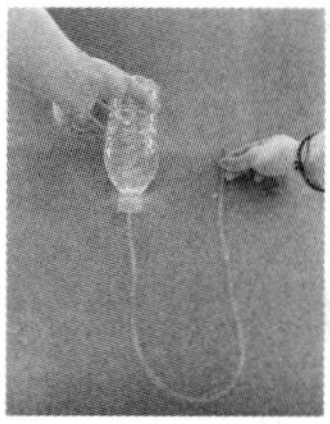

【实验描述】

姓　名	描述一下水怎样往高处流

评一评：我觉得________同学的描述比较好；我和同桌合作__________（愉快/不愉快）；我们的实验__________（成功了/没有成功）。

3. 喷泉喷得高。

想一想我们可以用什么办法让喷泉喷得更高。（用文字或者图片记录）

我的办法		我的同桌的办法	
成功☺	失败☹	成功☺	失败☹

活动三　水与油的奇妙合作

知识链接

水与油不相容

油和水因为各自的密度不同而不能溶合，所以放在一个瓶子里的水和油就会出现水在下、油在上的现象。产生水与油不相溶合的原因是因为油的密度比水小，所以油会在水上面。水是极性分子，而油属于脂类，它的极性很小，根据相似相溶，所以油与水无法溶合。

探究活动

1. 调皮的冰块。

如果把一块冰放在水中，会有什么现象？如果把冰放在油中会有什么现象？如果把水、油和冰放在一起会有什么现象？请把你的猜测画下来，并说说理由。

【实验器材】	水、油、2 块冰、3 个空杯子		
【实验名称】	① 冰放水中	② 冰放油中	③ 水油冰混合
【实验猜测】	画出冰块的位置 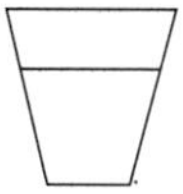	画出冰块的位置 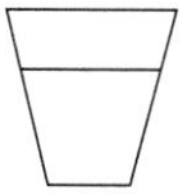	写出水油冰位置 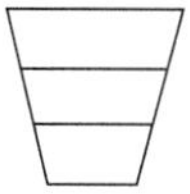
【猜测原因】	和你的伙伴及老师说说你猜测的原因。 __________		
【实验现象】	画出冰块的位置 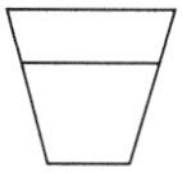	画出冰块的位置 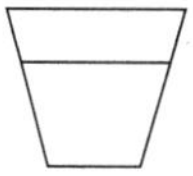	写出水油冰位置 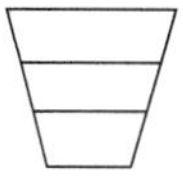

我猜对了实验__________（填上实验序号）。

2. 冰块在哪里。

如果把水、油、冰块放一起，又会有什么神奇的现象呢？请和你的同桌按步骤做一做吧！

实验步骤	1. 在杯中倒入半杯水 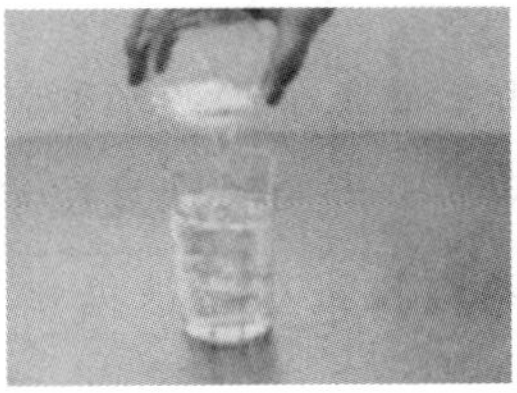	2. 再倒入比水略少的油 	3. 将冰块轻轻放入 
实验分工	倒水________	倒油________	放冰块________

你观察到了什么有趣的现象，请你写一写水、油的位置，画一画冰块的位置。

____

____

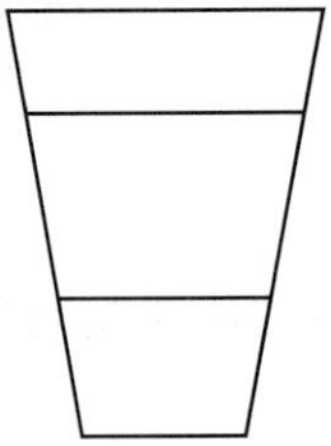

同桌互相评一评，我画/写________（对/错）了，同桌画/写________（对/错）了。

3. 翻滚吧水滴。

刚刚的实验我们感受了一把水油合作的神奇现象，下面我们来欣赏三幅动图，感受一下水油合作的神奇效果。

图里的实验成果叫作“熔岩灯”，实验器材是水、油、颜料及泡腾片，谁来猜猜看，动画中的情景是怎么产生的。

我的推测是____________________________________。

看看老师给大家提供的实验步骤，你们推测对了吗？

【实验步骤】	1. 在瓶子中倒入水并加入颜料 	2. 接着倒入食用油待水油分层 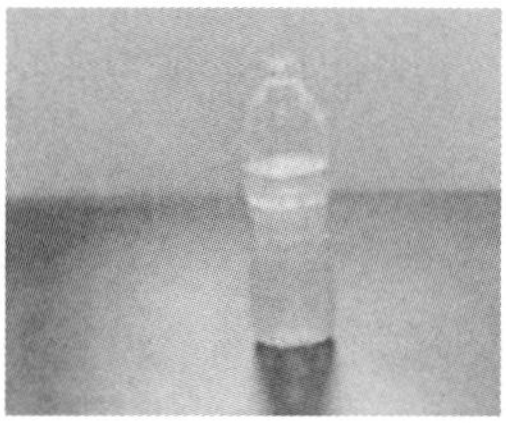	3. 放入一片泡腾片 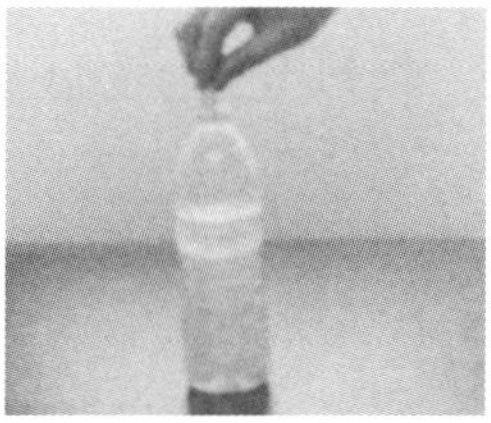

我的推测__________________（完全正确 / 基本正确 / 完全错误）。

看着老师做一做“熔岩灯”，感受一下它的魅力，并简单描述你的感受。

____

____

活动四　小风车转转转

知识链接

风车转动原理

风车是一种利用风力驱动的带有可调节的叶片来运转的机械装置。那么，风车到底是怎么转动的呢？这是因为叶片是倾斜的，当风吹过时，风吹到每个叶片的正面，所以风会向叶片倾斜的那边吹，这样就直接吹到下一个叶片的侧边，从而让其转动。风越大，风车转动越快，这个过程中就是我们的风车转动起来的经过。风车在我们的生活中用处十分广泛，是一项伟大的发明。

探究活动

1. 小风车转起来

（1）思考并说一说：有哪些方法可以让风车转起来？

____

____

（2）试一试提到的不同的方法，让风车转起来。

我利用__________方法让风车成功转动。

2. 谁的风车转得快。

（1）选择一种喜欢的方法让风车快速转起来，并找一个与自己方法相同的同伴比一比谁的风车转得快。

我选择____________方法让风车转起来，与我比赛的同伴是____________。

比赛结果：__________同学的风车转得快。

（2）说一说风车转得比较快的原因。

____

____

3. 风车怎样转得快。

（1）预测：风车在不同大小电扇风力下会转得怎样？（　　）

A. 风越大转得越快　　B. 风越小转得越快　　C. 风的大小不影响转速

（2）实践：利用风扇控制风力大小，用字母符号简单记录风车转速变化。

（A 代表风速小、转速小；B 代表风速中等、转速中等；C 代表风速大、转速大）

风　　速	转　　速

总结：______________________________________

____

____

活动五　球球大作战

知识链接

力的概念

力是物体对物体的作用，力不能脱离物体而单独存在。两个不直接接触的物体之间也可能产生力的作用。力的作用是相互的。力可以改变物体的形状，也可以改变物体的运动状态。（速度大小、运动方向，两者至少有一个会发生改变）

探究活动

1. 拍拍乐。

将球分别拍到图上对应的三个高度，仔细感受不同高度用力大小的区别。

A 代表用力很轻，B 代表用力比较轻，C 代表用力比较重，将字母填在横线上。

高度	用力大小
头	______
腰	______
小腿	______

总结：____

____

2. 你拍我接。

（1）选择一位伙伴和你一起参与活动。

我选择____________和我一起参与活动。

（2）与你的伙伴面对面站在标志物的点上，比一比不同距离拍接球用力有什么变化。

A 代表用力很轻，B 代表用力比较轻，C 代表用力比较重，将字母填在横线上。

1 号点位置　用力大小__________

2 号点位置　用力大小__________

3 号点位置　用力大小__________

总结：____

____

3. 你扔我接。

（1）选择一位伙伴和你一起参与活动，我选择____________和我一起参与活动。

（2）与你的伙伴面对面站在标志物的点上，比一比不同距离扔接球用力有什么变化。

A 代表用力很轻，B 代表用力比较轻，C 代表用力比较重，将字母填在横线上。

1 号点位置　用力大小__________

2 号点位置　用力大小__________

3 号点位置　用力大小__________

总结：____

____

活动六　赶小猪

知识链接

赶小猪游戏规则

赶小猪游戏的规则很简单，就是每个组都有一根木棒和一个篮球，把篮球当作小猪，用那根木棒沿着路线去推球，让球滚动，但是不可以让球滚得离木棒很远，那样的话就犯规了。最后哪一组先完成，哪一组就获胜。

探究活动

1. 完成直线赶小猪任务。

（1）听教师介绍赶小猪的玩法，并观看教师演示。

（2）每人轮流尝试做直线赶小猪活动。

（3）说一说活动中遇到的问题。

____

____

2. 小猪快回家：

（1）根据教师设计的路线 1 和路线 2，分别完成赶小猪活动。

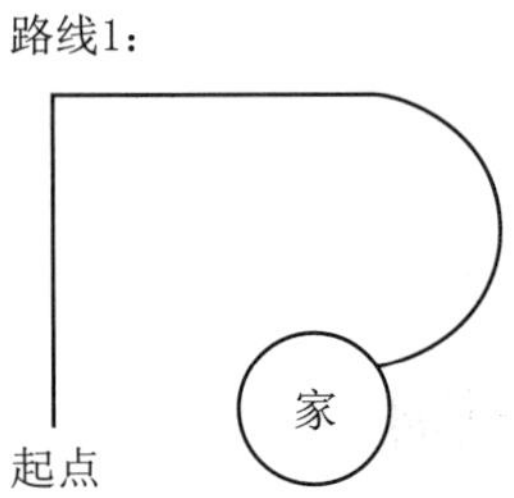

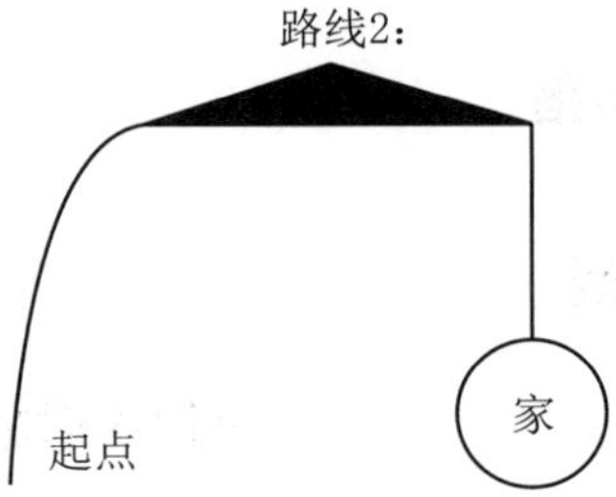

（2）交流。

① 如果球滚偏了应该怎么做？

---

② 转弯时应该怎么做？

---

③ 路线中最困难的是哪一段？你是怎么克服的？

---

3. 赶猪小能手。

① 选择伙伴四人一组。

② 根据教师设计的路线讨论每个接力点的人选。

③ 完成赶小猪接力赛，比比哪组最快。

接力赛线路

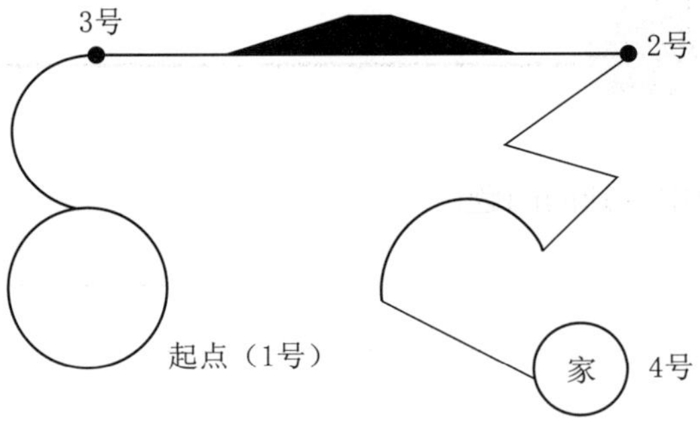

第________组速度最快。交流快速完成任务的原因。

活动评价表

评价内容	自评	互评	师评
活动一			
能正确辨别出水的颜色、是否透明及味道特征			
通过观察小实验，能够准确说出水是怎样到桶里的			
通过试验与游戏，能正确了解水的特质			
能够说出 2 ～ 3 条水的用处			
活动二			
能够简单描述见过的水往高处流的现象			
能完整说出演示实验的器材、步骤和实验现象			
能合理分工合作完成喷泉搭建			
能正确描述实验中水是怎样往高处流的			
能找到让喷泉喷得更高的方法并用文字或图片记录下来			
活动三			
能对实验内容进行猜测			
能正确画出实验现象中水、油、冰的位置			
能和同桌分工合作完成任务并如实记录实验现象			
能正确推测出熔岩灯的制作方法			
能真实表述自己的内心感受			
活动四			
能够说出 1 ～ 2 种让风车转动的方法，并选择一种方法让风车转动起来			

续表

评价内容	自评	互评	师评
能至少说出一个让风车转得快的原因			
能用字母符号简单记录在不同大小电扇风力下风车的转动变化			
能总结风速与转速之间的关系			
活动五			
能利用字母符号准确填写出球的高度对应的用力轻重，并总结力与高度之间的关系			
能利用字母符号准确记录不同距离拍接球用力大小的变化，并正确总结拍球力与距离之间的关系			
能利用数字符号准确记录不同距离扔接球用力大小的变化，并正确总结扔球力与距离之间的关系			
活动六			
能够认真观看教师演示并且完成直线赶小猪游戏			
能够说出活动中遇到的问题			
能够按照设计的路线图 1 和图 2 完成赶小猪游戏			
能说出球滚偏了和球转弯时应该怎么做			
能够说出路线中最困难的是哪一段并说出解决的办法			
小组能够合作完成接力赶小猪游戏并且能够分享宝贵经验			

评价标准：优秀、良好、一般

后　记

低年级主题式综合活动课程边开发边实施已经有一年多的时间。从对学生的访谈中，我们可以看到课程目标已经初见成效。有学生说："最盼望的就是周一下午的综合活动课，因为每节课的内容都不同，还非常有趣。"主题式综合活动体现的就是综合性，各个内容的综合及看、动、学、演活动的综合，并不局限于某一类活动中，因此学生各方面的能力都有所提升。

也有学生说："综合活动课可以去各个体验馆，可以学到其他课程学不到的知识。"因为我们的主题式综合活动，主要是从儿童的生活出发选取主题，这样可以让儿童更关注社会和生活中的问题，让儿童感受、体验与探索真实世界。我校的校本化主题式综合活动课程，除了访谈，还从学生日常的学习任务单、教师的评价表中看出，学生对认知自我、广博爱心、探索自然都有一定的学习兴趣，能尽快适应学校生活，能全面提升综合素养。

在研究与开发综合活动课程的过程中，教师也在迅速地成长，他们拓宽了视野，提高了课程建设能力、探究反思能力，还形成了团队意识，实现了教师多方面的成长。除此之外，教师们也受到了两方面的挑战，一是综合活动需教师充分利用各学科知识结构体系来支持学生的综合化学习，他们需要更广博的知识与结构化的知识体系；二是从原本单一传授的策略转化为质疑探究的策略，教师的角色成了教学活动的引导者、探究过程的合作者。

本活动课程手册共有十三个单元，按单元顺序，撰稿人分别是：赵玉、施恩岚、张辉霞、张媛、李琳、朱梦易、金雨相、吴淑琼、金卫勤、褚晓莉、唐虞、刘恋、陆丽娜，统稿人是袁寒。

本活动课程手册部分内容参考了金山区校本课程网，在此表示感谢！

袁寒于 2020 年 8 月

图书在版编目(CIP)数据

乐在其“综”：低年级主题式综合活动课程手册 / 孙翠英主编 .— 上海 ：上海社会科学院出版社，2020
ISBN 978-7-5520-3309-0

Ⅰ. ①乐… Ⅱ. ①孙… Ⅲ. ①活动课程—教学研究—小学 Ⅳ. ①G622.3

中国版本图书馆 CIP 数据核字(2020)第 176789 号

乐在其“综”——低年级主题式综合活动课程手册

主　　编：孙翠英
责任编辑：陈如江
封面设计：黄婧昉
出版发行：上海社会科学院出版社
　　　　　上海顺昌路 622 号　邮编 200025
　　　　　电话总机 021-63315947　销售热线 021-53063735
　　　　　http://www.sassp.cn　E-mail:sassp@sassp.cn
照　　排：南京理工出版信息技术有限公司
印　　刷：上海盛通时代印刷有限公司
开　　本：787 毫米×1092 毫米　1/16
印　　张：15.25
字　　数：237 千字
版　　次：2020 年 11 月第 1 版　2020 年 11 月第 1 次印刷

ISBN 978-7-5520-3309-0/G·1002　　定价：58.00 元